Café com aroma de Salmos

PREFÁCIO DE

HERNANDES DIAS LOPES

CAFÉ com aroma de SALMOS

Mensagens de paz e esperança com espaço para anotações.

hagnos

1ª edição: junho de 2024
1ª reimpressão: agosto de 2024

Revisão: Luiz Werneck Maia

Projeto gráfico e diagramação: Sonia Peticov

Capa: Julio Carvalho

Editor: Aldo Menezes

Impressão e acabamento: Imprensa da Fé

Editora Hagnos Ltda.
Rua Geraldo Flausino Gomes, 42, conj. 41
CEP 04575-060 — São Paulo, SP
Tel.: (11) 5990-3308

E-mail: hagnos@hagnos.com.br | Home page: www.hagnos.com.br

Editora associada à Associação Brasileira de Direitos Reprográficos (ABDR)

Dados Internacionais de Catalogação na Publicação (CIP)

Café com aroma de Salmos: Mensagens de paz e esperança (com espaço para anotações) / Editorial Hagnos. – São Paulo: Hagnos, 2024.

ISBN 978-85-7742-532-7

1. Bíblia. A.T. Salmos

24-2670 CDD 223.2

Índices para catálogo sistemático:
1. Salmos

Angélica Ilacqua CRB-8/7057

SUMÁRIO

PREFÁCIO

SALMOS é um dos livros mais amados e lidos da Bíblia, ressoando profundamente no coração dos fiéis através dos séculos. Escrito durante um período de mais de mil anos, que vai desde Moisés até o pós-exílio babilônico, Salmos oferece um panorama rico e diverso das experiências humanas e da interação do homem com Deus. O excelente livro *Café com aroma de Salmos* proporciona aos amantes da Palavra de Deus uma análise breve e ao mesmo tempo profunda de todo o Saltério, explorando cada uma dessas escrituras inspiradas.

Davi, o maior compositor e músico de Israel, é o autor da vasta maioria desses salmos. Ele escreveu não nos dias ensolarados de conforto e paz, mas em momentos de grande adversidade, perseguição e sofrimento. É nesses períodos de tribulação que sua poesia, inspirada pelo Espírito Santo, se torna uma fonte inesgotável de consolo e esperança para o povo de Deus. Através de suas experiências dolorosas, Davi nos transmite um legado de fé e resistência, transformando sua dor em cânticos de louvor que têm confortado e encorajado gerações de crentes.

Salmos é um livro singular, composto de canções e orações que expressam uma vasta gama de emoções humanas — desde a alegria e gratidão até a tristeza e desespero. Ele nos fornece o vocabulário para nos aproximarmos do Deus santo e majestoso, permitindo-nos expressar nosso amor, louvor, dúvidas e necessidades de perdão. Como diz Atanásio, doutor da igreja e bispo de Alexandria, "a maioria das Escrituras fala conosco Salmos, porém, falam por nós".

A importância de Salmos na tradição cristã não pode ser exagerada. Desde a igreja primitiva até os dias atuais, ele tem sido um recurso essencial para a adoração e a reflexão espirituais. Jesus e os apóstolos frequentemente citaram Salmos, interpretando-os como profecias sobre Cristo e como ensinamentos vitais sobre a encarnação, a ressurreição e a ascensão do Senhor.

Assim como o aroma de um bom café nos reconforta e nos enche de vigor, que este *Café com aroma de Salmos* seja uma experiência doce e revitalizante, trazendo refrigério e força para sua alma.

Minha esperança é que este livro ilumine sua mente e aqueça seu coração, ajudando-o a encontrar, nas palavras de Davi e dos outros salmistas, inspiração e consolo. Que cada exposição seja lida com profunda reflexão e praticada com humildade, fortalecendo a igreja e glorificando a Deus.

Boa leitura!

Hernandes Dias Lopes

INTRODUÇÃO A SALMOS

O LIVRO DE SALMOS é uma coleção de 150 salmos, que são cânticos e poesias utilizadas na adoração. Tradicionalmente, essa coleção é dividida em cinco livros, e essa divisão é similar à estrutura dos cinco livros da Torá (ou Pentateuco: Gênesis, Êxodo, Levítico, Números e Deuteronômio). Aqui está a divisão e uma breve explicação de cada seção:

Livro 1 (Salmos 1—41)

É predominantemente composto por salmos atribuídos a Davi. Muitos desses salmos expressam confiança em Deus durante tempos de dificuldade, refletindo a experiência pessoal de Davi.

Livro 2 (Salmos 42—72)

Inclui salmos atribuídos a Davi e aos filhos de Coré. Essa seção contém uma variedade de temas, incluindo a busca por Deus em tempos de adversidade e a celebração de sua justiça e proteção.

Livro 3 (Salmos 73—89)

É caracterizado por uma ênfase na justiça divina e no relacionamento entre Deus e o seu povo, Israel. Há uma presença significativa de salmos de Asafe e dos filhos de Coré.

Livro 4 (Salmos 90—106)

O salmo 90, um dos mais antigos, é atribuído a Moisés. Os salmos dessa seção frequentemente refletem sobre a eternidade de Deus, a brevidade da vida humana e a necessidade de confiar em Deus.

Livro 5 (Salmos 107—150)

Esse último livro inclui um grupo variado de salmos, muitos dos quais são cânticos de louvor e ações de graças. Essa seção contém o salmo 119, o mais longo da Bíblia, que celebra a lei de Deus.

Propósito da divisão

A divisão de Salmos em cinco livros pode ter sido feita para refletir a estrutura dos cinco livros da Torá, destacando a importância do salmo na vida religiosa de Israel. Cada uma dessas divisões termina com uma doxologia ou uma expressão de louvor a Deus, marcando uma conclusão litúrgica e enfatizando a natureza devocional do livro. Essas divisões também podem ajudar os leitores a perceberem diferentes ênfases e contextos históricos, facilitando um estudo mais detalhado e organizado das diversas temáticas presentes.

PRIMEIRO LIVRO

Salmos 1 a 41

INTRODUÇÃO AOS SALMOS 1—41

O aroma da espiritualidade

OS SALMOS 1 A 41 formam a primeira divisão tradicional do Livro de Salmos, estabelecendo uma base rica e multifacetada para a espiritualidade e a adoração. Este bloco inicial reflete uma gama de experiências humanas e espirituais, exalando diversos "aromas" que simbolizam temas centrais da fé e da vida diante de Deus.

No salmo de abertura, somos apresentados ao aroma da sabedoria. Ele contrasta o caminho dos justos com o dos ímpios, destacando a bem-aventurança daqueles que meditam na lei do Senhor. Em seguida, o salmo 2 enfatiza a soberania divina, exalando um aroma de justiça e confiança no governo supremo de Deus. Juntos, esses dois salmos introduzem a temática fundamental sobre viver uma vida alicerçada na Palavra de Deus e na confiança em sua autoridade.

À medida que avançamos pelos salmos deste bloco, encontramos um forte aroma de confiança e refúgio. Davi, frequentemente em meio a perseguições e adversidades, clama ao Senhor por proteção e encontra conforto na presença divina. Este tema é evidente em salmos como o 3 e o 4, nos quais a confiança em Deus é a resposta ao medo e à angústia. A repetida declaração de Deus como um refúgio seguro reforça a ideia de que, independentemente das circunstâncias, a proteção divina é constante e certa.

O aroma do louvor e da adoração permeia muitos salmos nesta seção. Salmos como o 8, 19 e 29 exaltam a grandeza e a majestade de Deus, celebrando suas obras e sua glória. Estes cânticos elevam os corações dos fiéis em adoração, ensinando a reconhecer e louvar a presença divina em todas as coisas. A ênfase na adoração contínua e na gratidão a Deus é uma característica marcante deste bloco, incentivando os adoradores a viverem uma vida de louvor constante.

A lamentação e o arrependimento também são temas significativos nos salmos 1 a 41, exalando um aroma de contrição e busca por misericórdia. Davi, em sua vulnerabilidade, expressa sua angústia e confessa seus pecados, como visto nos salmos 6, 32 e 38. Este tema de confissão e busca pelo perdão divino é essencial para a compreensão da misericórdia e da graça de Deus, destacando a importância de um coração contrito diante do Senhor.

Além desses temas, os salmos 1 a 41 abordam questões de justiça, redenção e a luta contra a iniquidade. Eles refletem a experiência humana de confiar na justiça divina em meio à opressão e à injustiça. Davi frequentemente clama por intervenção divina contra seus inimigos, confiando que Deus, o justo juiz, defenderá os justos e punirá os ímpios. Este tema é um lembrete constante da equidade e da fidelidade de Deus em julgar corretamente.

PRIMEIRO LIVRO

Salmos 1 a 41

1 BEM-AVENTURADO *é* o homem que não anda no conselho dos ímpios, nem se detém no caminho dos pecadores, nem se assenta no banco dos escarnecedores.

2 Mas seu prazer *está* na lei do SENHOR, e em sua lei medita dia e noite.

3 E será como árvore plantada junto aos ribeiros de águas, a qual dá seu fruto na estação *devida*; suas folhas também não murcharão; e tudo quanto fizer prosperará.

4 Os ímpios não *são* assim, mas *são* como a palha que o vento leva embora.

5 Portanto, os ímpios não subsistirão no juízo, nem os pecadores na congregação dos justos.

6 Pois o SENHOR conhece o caminho dos justos, mas o caminho dos ímpios perecerá.

Salmo com aroma de

SABEDORIA

O salmo 1 exala o aroma da sabedoria, destacando a bem-aventurança daqueles que meditam na lei do Senhor. A pessoa justa é comparada a uma árvore plantada junto a ribeiros de águas, que dá seu fruto na estação própria e cujas folhas não murcham. Este aroma de sabedoria nos convida a viver uma vida de retidão, evitando o caminho dos ímpios. Ao nos deleitarmos na Palavra de Deus, exalamos sabedoria e discernimento. Que possamos exalar a sabedoria divina em nossas escolhas, refletindo a justiça e a verdade de Deus em todas as áreas de nossa vida.

2 POR QUE os pagãos se enfurecem, e os povos imaginam coisas vãs?

2 Os reis da terra se insurgem, e os governantes se aconselham entre si, contra o SENHOR e contra seu Ungido, *dizendo*:

3 "Despedacemos suas ataduras e lancemos para longe de nós suas cordas".

4 Aquele que se assenta nos céus se rirá; o Senhor escarnecerá deles.

5 Então, em sua ira, ele lhes falará, e em seu irado desprazer os confundirá.

6 Todavia, estabeleci meu rei sobre Sião, meu santo monte.

7 Anunciarei o decreto; o SENHOR me disse: "Tu *és* meu Filho; hoje te gerei".

8 Pede-me, e *te* arei os pagãos *por* herança, e os confins da terra *por* possessão.

9 Tu os quebrarás com vara de ferro; tu os despedaçarás como a um vaso de oleiro.

10 Sede, portanto, sábios, agora, ó reis; deixai-vos instruir, ó juízes da terra.

11 Servi o SENHOR com temor, e regozijai-vos com tremor.

12 Beijai o Filho, para que se não ire e *não* pereçais *no* caminho, quando em breve se inflamar sua ira.

Bem-aventurados *são* todos os que nele depositam a confiança.

Salmo com aroma de

SOBERANIA

O salmo 2 exala o aroma da soberania divina, proclamando o reinado de Deus sobre todas as nações. O salmista descreve como Deus ri das conspirações dos reis da terra e declara que estabeleceu seu Rei em Sião. Este aroma de soberania nos lembra que, apesar das conspirações humanas, Deus tem a autoridade suprema. Ele governa com poder e justiça. Que possamos exalar confiança na soberania de Deus, vivendo com a certeza de que Ele está no controle de todas as coisas, protegendo-nos e guiando-nos segundo sua vontade.

Salmo de Davi, escrito quando fugiu de seu filho Absalão.

3 SENHOR, como aumentaram os que
me perturbam! *São* muitos os que se
levantam contra mim.
2 Muitos *há* que dizem acerca de minha
alma: "Não *há* salvação para ele em
Deus". SELÁ.
3 Mas tu, ó SENHOR, *és* para mim
escudo; *és* minha glória, e o que me ergue
a cabeça.
4 Ao SENHOR clamei com minha voz, e
ouviu-me de seu santo monte. SELÁ.
5 Deitei-me e dormi; acordei, pois o
Senhor me sustentou.

Mas tu, ó SENHOR, és para mim escudo; és minha glória, e o que me ergue a cabeça.

Salmos 3:3

6 Não terei medo de dez milhares dos
que a meu redor *se* armaram contra mim.
7 Levanta-te, ó SENHOR; salva-me, ó
meu Deus; pois feriste todos os meus
inimigos *nos* maxilares; quebraste os
dentes dos ímpios.
8 A salvação *pertence* ao SENHOR; tua
bênção *repousa* sobre teu povo. SELÁ.

Salmo com aroma de

REFÚGIO

O salmo 3 exala o aroma do refúgio em Deus. Davi, em meio à perseguição de seu filho Absalão, encontra proteção e consolo na presença divina. Ele declara que Deus é seu escudo, sua glória e o que exalta sua cabeça. Este aroma de refúgio nos lembra que, em momentos de angústia e perigo, podemos buscar abrigo em Deus, que nos ouve e responde aos nossos clamores. Que nossa confiança no Senhor exale segurança e paz, mesmo em tempos de adversidade, sabendo que Ele é nosso protetor fiel e constante.

Ao músico-chefe sobre
Neguinote. Salmo de Davi.

4 OUVE-ME quando eu clamar, ó Deus
de minha retidão; tu me aliviaste
quando estava em aflição; tem miseri-
córdia de mim e ouve minha oração.
2 Ó filhos dos homens, até quando *tor-
nareis* minha glória em vergonha? *Até
quando* amareis a vaidade *e* buscareis a
mentira? SELÁ.
3 Sabei, porém, que o SENHOR separou
para si o que é piedoso; o SENHOR ouvi-
rá quando a ele clamar.
4 Espantai-vos e não pequeis; conver-
sai com vosso coração em vossa cama,
e aquietai-vos. SELÁ.
5 Oferecei sacrifícios de retidão, e
depositai confiança no Senhor.
6 Muitos *há* que dizem: "Quem nos
mostrará *algum* bem?". SENHOR, levan-
ta sobre nós a luz de teu semblante.
7 Derramaste alegria em meu coração,
mais do que no tempo em *que* se lhes
multiplicaram o trigo e o vinho.
8 Tanto me deitarei em paz quanto dor-
mirei, pois somente tu, SENHOR, me fazes
habitar em segurança.

Salmo com aroma de

JUSTIÇA

O salmo 4 exala o aroma da justiça divina. Ao clamar por justiça, o salmista lembra que Deus ouve suas orações e concede alívio em tempos de angústia. Ele exorta os fiéis a oferecerem sacrifícios de justiça e a confiarem no Senhor. A justiça do Senhor é um perfume que traz paz e segurança. Ao nos entregarmos à justiça de Deus, somos fortalecidos e renovados. Que nossas ações exalem o aroma da justiça divina diariamente, vivendo de acordo com os preceitos de Deus e confiando em sua retidão.

Ao músico-chefe sobre
Neilote. Salmo de Davi.

5 DÁ ouvidos às minhas palavras, ó
SENHOR, considera minha meditação.
2 Atende a voz de meu clamor, meu Rei
e meu Deus, pois a ti orarei.
3 Minha voz ouvirás pela manhã, ó
Senhor; pela manhã apresentarei *minha*
oração a ti, e vigiarei.
4 Pois não *és* Deus que tenha prazer na
impiedade, tampouco contigo habitará
o mal.
5 Os insensatos não subsistirão dian-
te de ti; odeias todos os que praticam a
iniquidade.
6 Destruirás os que proferem mentiras;
o SENHOR aborrecerá o homem sangui-
nário e enganador.
7 Quanto a mim, porém, entrarei *em* tua
casa pela multidão de tuas misericór-
dias; *e* em teu temor adorarei voltado a
teu santo templo.
8 Conduze-me em tua retidão, ó
SENHOR, causa de meus inimigos; apla-
na teu caminho diante de minha face.
9 Pois não *há* fidelidade na boca deles;
seu interior *é* assaz perverso; sua gar-
ganta *é* sepulcro aberto; com a língua,
lisonjeiam.
10 Destrói-os, ó Deus; caiam pelos con-
selhos deles próprios; lança-os para fora
por causa da multidão de suas transgres-
sões; pois contra ti se rebelaram.
11 Mas regozijem-se todos os que em ti
depositam a confiança; bradem sempre
de alegria, porque os defendes; também
os que amam teu nome sejam jubilosos
em ti.
12 Pois tu, SENHOR, abençoarás os
retos; com favor os cercarás como por
um escudo.

Pois tu, SENHOR,
abençoarás os retos;
com favor os cercarás
como por um escudo.
Salmos 5:12

Salmo com aroma de

PROTEÇÃO

O salmo 5 exala o aroma da proteção divina. Ao buscar a orientação de Deus e confiar nele, somos protegidos contra as forças do mal e a injustiça. O salmista pede que Deus o guie em sua justiça e que seus inimigos sejam dispersos. Este aroma nos envolve com a segurança de que Deus está atento às nossas orações e nos guia pelo caminho da retidão. Que nossa confiança na proteção do Senhor exale paz e coragem, sabendo que Ele é nosso escudo e defesa contra todo mal.

Ao músico-chefe em Neguinote, sobre Seminite. Salmo de Davi.

6 Ó SENHOR, não me repreendas em tua indignação, nem me castigues em teu ardente desprazer.

2 Tem misericórdia de mim, ó SENHOR, pois fraco *sou*; ó SENHOR, sara-me, pois meus ossos estão conturbados.

3 Também minha alma está assaz conturbada; mas tu, ó SENHOR, até quando?

4 Volta, ó SENHOR, livra minha alma; ó, salva-me por causa de tuas misericórdias.

5 Pois na morte não *há* lembrança de ti; no sepulcro, quem te renderá graças?

6 Estou cansado de meu gemido; a noite toda faço nadar minha cama; molho meu leito com minhas lágrimas.

7 Meus olhos se consomem de tristeza; envelheceram por causa de todos os meus inimigos.

8 Apartai-vos de mim, todos os que praticais a iniquidade, pois o SENHOR ouviu a voz de meu pranto.

9 O SENHOR ouviu minha súplica; o SENHOR aceitará minha oração.

10 Envergonhem-se todos os meus inimigos e sejam assaz perturbados; recuem *e* sejam de súbito envergonhados.

Salmo com aroma de

MISERICÓRDIA

O salmo 6 exala o aroma da misericórdia divina em tempos de aflição. Davi, em grande angústia, clama por compaixão e cura, reconhecendo a necessidade da misericórdia divina. Este aroma de misericórdia nos lembra que Deus ouve nossas súplicas e responde com seu amor imensurável. A misericórdia do Senhor é um perfume que alivia nossas dores e renova nossas forças. Mesmo em meio ao sofrimento, podemos confiar no cuidado misericordioso dele, que nos sustenta e nos restaura. Que nossa vida exale gratidão pela misericórdia infinita de Deus.

Sigaiom de Davi, o qual ele cantou ao Senhor acerca das palavras de Cuxe, o benjamita.

7 Ó SENHOR meu Deus, em ti deposito confiança; salva-me de todos os que me perseguem, e livra-me;

2 para que não rasgue minha alma, como *faz* o leão, despedaçando-a, sem *haver* quem me livre.

³Ó SENHOR, meu Deus, se assim agi, se trago iniquidade nas mãos,

⁴se paguei com o mal ao que estava em paz comigo (*e*, sim, livrei o que sem causa é meu inimigo),

⁵persiga-me a alma o inimigo e *a* alcance; sim, pisoteie-me a vida sobre a terra, e reduza ao pó minha honra. SELÁ.

⁶Levanta-te, ó SENHOR, em tua indignação; ergue-te por causa da fúria de meus inimigos; e desperta por mim *para* o juízo *que* ordenaste.

⁷Assim os povos se congregarão ao redor de ti; por causa deles, portanto, volta às alturas?

⁸O SENHOR julgará os povos; julga-me, ó SENHOR, conforme minha retidão, e conforme a integridade *que* há em mim.

⁹Ó, que chegue ao fim a perversidade dos perversos, mas estabelece o justo, pois o reto Deus prova os corações e os rins.

¹⁰Minha defesa *vem* de Deus, que salva o reto de coração.

¹¹Deus julga os retos, e põe-se todos os dias indignado *com os perversos*.

¹²Se o homem não voltar *atrás*, *Deus* afiará a espada; armou seu arco e o posicionou.

¹³Também preparou para si instrumentos de morte; ordena suas flechas contra os perseguidores.

¹⁴Eis que se empenha na iniquidade, e concebeu a maldade, e produziu falsidade.

¹⁵Cavou um poço, e o aprofundou, e caiu no poço *que* cavou.

¹⁶Sua maldade recairá sobre a própria cabeça, e sua conduta violenta descerá sobre a própria moleira.

¹⁷Louvarei o SENHOR segundo sua retidão, e cantarei louvores ao nome do SENHOR altíssimo.

Minha defesa vem de Deus,
que salva o reto de coração.
Salmos 7:10

Salmo com aroma de

JUSTIÇA

O salmo 7 exala o aroma da justiça divina em meio às adversidades. Davi clama a Deus, pedindo que Ele julgue os povos com justiça e defenda sua causa contra os acusadores. Este aroma de justiça nos lembra que Deus é um juiz justo, que vê e julga retamente. Sua justiça é imparcial e pura, trazendo paz e segurança aos nossos corações. Ao entregarmos nossas causas a Deus, somos envolvidos pelo aroma da sua justiça, que nos defende e nos protege, garantindo que a verdade prevaleça sempre. Que nossas ações exalem a justiça divina em nossa vida.

Ao músico-chefe sobre Gitite. Salmo de Davi.

8 Ó SENHOR, nosso Senhor, quão excelso *é* teu nome em toda a terra! E estabeleceste tua glória sobre os céus.
2Da boca das crianças e dos que mamam, ordenaste força por causa de teus inimigos, para conteres o inimigo e o vingador.
3Quando examino teus céus, obra de teus dedos, a lua e as estrelas que dispuseste,
4que é o homem para o considerares? E o filho de homem para o visitares?
5Pois o constituíste um pouco menor que os anjos, e de glória e honra o coroaste.
6Fizeste com que ele tivesse domínio sobre as obras de tuas mãos; tudo puseste debaixo de seus pés:
7todas as ovelhas e bois, sim, e os animais do campo;
8as aves do céu, e os peixes do mar, *e tudo quanto* percorre as veredas dos mares.
9Ó SENHOR, nosso Senhor, quão excelente *é* teu nome em toda a terra!

Salmo com aroma de

MAJESTADE

O salmo 8 exala o aroma da majestade divina. O salmista contempla a criação e a grandeza de Deus, declarando: "Ó Senhor, Senhor nosso, quão admirável é o teu nome em toda a terra!" Este aroma de majestade nos envolve com a fragrância da grandeza de Deus, que colocou a lua e as estrelas em seus lugares e coroou o homem com honra e glória. Ao refletirmos sobre a obra de suas mãos, somos preenchidos com admiração e louvor. Que nossa vida exale a reverência e a gratidão pela majestade do Senhor, reconhecendo sua grandeza e poder.

Ao músico-chefe sobre Mute-Laben. Salmo de Davi.

9 EU *TE* louvarei, ó SENHOR, de todo o coração; divulgarei todas as tuas obras maravilhosas.
2Em ti me alegrarei e me regozijarei; cantarei louvores a teu nome, ó Altíssimo.

3Quando meus inimigos recuarem, cairão e perecerão em tua presença.

4Pois defendeste meu direito e minha causa; assentaste-te no trono, julgando com retidão.

5Repreendeste os pagãos, destruíste os perversos, extinguiste para todo o sempre o nome deles.

6Ó tu, inimigo, as destruições foram encerradas para sempre; e destruíste cidades; a memória delas com elas pereceu.

7Mas o SENHOR durará para sempre; preparou seu trono para o juízo.

8E julgará o mundo com retidão; ministrará juízo aos povos com correção.

9O SENHOR também será refúgio ao oprimido, refúgio em tempos de tribulação.

10E os que conhecem teu nome depositarão em tia a confiança, pois, SENHOR, não abandonaste os que te buscam.

11Cantai louvores ao SENHOR, que habita em Sião; anunciai seus feitos entre os povos.

12Quando investiga o *derramamento de* sangue, não se esquece; lembra-se do clamor dos humildes.

13Tem misericórdia de mim, ó SENHOR; tem em conta minha tribulação, *pois sofro nas mãos* dos que me odeiam, tu que me ergues das portas da morte,

14para eu anunciar todo o teu louvor às portas da filha de Sião; regozijar-me-ei em tua salvação.

15Os pagãos afundaram-se no poço que cavaram; na rede que ocultaram têm presos os pés.

16O SENHOR é conhecido *pelo* juízo que executa; o perverso é enlaçado na obra de suas mãos. HIGAIOM. SELÁ.

17Os perversos serão lançados no inferno, *e* todas as nações que se esquecem de Deus.

Cantai louvores ao SENHOR, que habita em Sião; anunciai seus feitos entre os povos.

Salmos 9:11

18 Pois o necessitado não será sempre esquecido; a expectativa do pobre *não* se frustrará para sempre.

19 Levanta-te, ó SENHOR; não prevaleça o homem; sejam os pagãos julgados diante de ti.

20 Infunde-lhes medo, ó SENHOR, *para que* saibam as nações que *são apenas* homens. SELÁ.

Salmo com aroma de

AÇÃO DE GRAÇAS

O salmo 9 exala o aroma da ação de graças. O salmista louva a Deus de todo o coração, contando todas as suas maravilhas e regozijando-se em seu nome. Este perfume de gratidão nos fortalece, mesmo em tempos de adversidade, lembrando-nos de que Ele é nosso refúgio e justiça. Ao dar graças ao Senhor pelas suas maravilhas, reafirmamos nossa confiança em sua fidelidade e bondade. Que nossa vida seja um contínuo sacrifício de louvor, exalando gratidão a Deus por suas obras poderosas e por sua presença constante em nossa vida.

10 POR QUE te manténs à distância, ó SENHOR? Por que *te* escondes em tempos de tribulação?

2 O perverso, em seu orgulho, persegue o pobre; seja apanhado nas ciladas que maquinou.

3 Pois o perverso jacta-se dos desejos de seu coração, e bendiz o avarento, a *quem* o SENHOR aborrece.

4 O perverso, pela soberba em seu semblante, não buscará Deus; Deus não *está* em nenhum de seus pensamentos.

5 Seus caminhos são sempre angustiantes; teus juízos *estão* muito acima de seu campo de visão; *quanto a* todos os seus inimigos, incha-se contra eles.

6 Disse em seu coração: "Não me deixarei abalar, pois jamais *me encontrarei* em adversidade".

7 Sua boca está cheia de imprecações, e engano, e fraudulência; debaixo da língua, tem maldade e vaidade.

8 Assenta-se à espreita nas aldeias; nos esconderijos, assassina o inocente; tem os olhos depositados sobre o pobre sem que se perceba.

9 Põe-se à espreita, às ocultas, como o leão em sua cova; põe-se à espreita para apanhar o pobre; toma o pobre de assalto quando o arrasta para sua rede.

10 Agacha-se, *e* humilha-se, para que o pobre caia em suas fortes *garras*.

11 Diz em seu coração: "Deus esqueceu-se; escondeu a face; nunca verá *isso*".

12 Levanta-te, ó SENHOR; ó Deus, levanta a mão; não te esqueças dos humildes.

13 Por que o perverso despreza Deus? Diz em seu coração: "Não exigirás *isso*".

14 Tu *o* viste, pois contemplas a maldade e o despeito, para o requereres por tuas mãos; o pobre se entrega a ti; és o ajudador do órfão.

15 Quebra o braço do perverso e do *homem* mau; vasculha sua perversidade até nada mais achares dela.

16 O SENHOR *é* Rei para todo o sempre; os pagãos perecem fora de sua terra.

17 SENHOR, atentaste para o desejo dos humildes; preparar-lhes-ás o coração; inclinarás os ouvidos para ouvir,

18 para julgar os órfãos e os oprimidos, para que o homem da terra não mais venha a oprimir.

Salmo com aroma de

ESPERANÇA

O salmo 10 exala o aroma da esperança em tempos de opressão. O salmista questiona por que Deus parece estar distante nos momentos de angústia, mas reafirma sua confiança na justiça divina. Este aroma de esperança nos lembra que Deus vê a aflição dos necessitados e ouve o clamor dos oprimidos. Mesmo quando parece que Ele está longe, podemos confiar que agirá em favor dos que o buscam. Que nossa vida exale esperança, confiando na redenção e na justiça de Deus, que é fiel para com os que nele confiam.

Ao músico-chefe. Salmo de Davi.

11 NO SENHOR ponho a confiança;
como dizeis a minha alma: "Fugi
como pássaro para vossa montanha?".
2Pois eis que os ímpios armam *seu*
arco; aprontam sua flecha na corda, para
atirarem às ocultas nos retos de coração.
3Se os fundamentos forem destruídos,
que pode fazer o reto?
4O SENHOR *está* em seu santo templo; o
trono do SENHOR *está* no céu; seus olhos
ficam atentos; suas pálpebras provam os
filhos dos homens.
5O SENHOR prova o reto, mas sua alma
odeia ao ímpio e ao que ama a violência.
6Sobre os ímpios fará chover armadilhas, fogo e enxofre, e uma horrenda tempestade; *essa será* a porção de
seu copo.

O SENHOR está em seu santo templo; o trono do SENHOR está no céu...

Salmos 11:4

[7]Pois o reto SENHOR ama a retidão; seu semblante se volta para os retos.

Salmo com aroma de

CONFIANÇA

O salmo 11 exala o aroma da confiança em Deus. Em meio a perigos e ameaças, o salmista declara que confia no Senhor, que está em seu santo templo e vê tudo o que acontece. Este aroma de confiança nos envolve com a certeza de que Ele é nosso refúgio e proteção. Mesmo quando os fundamentos são destruídos, podemos confiar na justiça e na fidelidade divinas. Que nossa confiança em Deus exale fé inabalável, sabendo que Ele é nosso refúgio e fortaleza, sempre presente em tempos de dificuldade.

Ao músico-chefe sobre Seminite.
Salmo de Davi.

12 AJUDA-ME, SENHOR, pois não há mais homens piedosos; pois *também* faltam fiéis entre os filhos dos homens.
[2]Falam coisas vãs cada um a seu próximo; falam *com* lábios lisonjeiros *e* coração dobre.
[3]O SENHOR arrancará todos os lábios lisonjeiros *e* a língua que fala com orgulho,
[4]que diz: "Com a língua prevaleceremos; os lábios *são* nossos; quem *é* senhor sobre nós?".
[5]"Pela opressão do pobre, pelo suspirar do necessitado, agora me levantarei", diz o SENHOR; "pô-*lo*-ei a salvo *do que* se incha contra ele".
[6]As palavras do SENHOR *são* palavras puras, como prata refinada em forno de barro, sete vezes purificada.
[7]Tu as guardarás, ó SENHOR; desta geração para sempre as preservarás.
[8]Os ímpios andam por todo lado, quando os mais vis são exaltados.

Salmo com aroma de

PUREZA

O salmo 12 exala o aroma da pureza divina em meio à corrupção do mundo. O salmista clama pela ajuda de Deus, pois a falsidade e a mentira prevalecem entre os homens. As palavras do Senhor são puras, como prata refinada em forno de barro, purificada sete vezes. Este perfume de pureza nos chama a viver vidas santas, afastando-nos da falsidade e da maldade. Ao meditarmos na Palavra de Deus, nossa vida é transformada e exala o aroma da pureza. Que possamos refletir a santidade de Deus em todas as nossas ações.

Ao músico-chefe. Salmo de Davi.

13 ATÉ quando te esquecerás de mim, ó SENHOR? Para sempre? Até quando esconderás de mim o rosto?
[2]Até quando me consultarei com minha alma, *sentindo* tristeza todos os

dias no coração? Até quando meu ini-
migo se exaltará sobre mim?
3Atenta para mim *e* ouve-me, ó
SENHOR, meu Deus; ilumina meus olhos
para que eu não durma o *sono* da morte;
4para que meu inimigo não diga:
"Prevaleci contra ele", *e* os que me atri-
bulam não se regozijem quando eu esti-
ver abalado.
5Mas confiei em tua misericórdia; meu
coração se regozijará em tua salvação.
6Cantarei ao SENHOR porque foi *extre-
mamente* generoso para comigo.

Salmo com aroma de

PACIÊNCIA

O salmo 13 exala o aroma da paciência, ensinando-nos a confiar em Deus em meio às demoras e dificuldades. O salmista clama: "Até quando [...], ó SENHOR?" mas termina reafirmando sua confiança no amor divino. Este perfume de paciência nos fortalece, lembrando-nos que Deus ouve nossas orações e está atento às nossas necessidades. Ao esperarmos no Senhor com paciência, exalamos o aroma da esperança e da confiança em sua fidelidade. Que nossa paciência exale fé inabalável, sabendo que Ele agirá em seu tempo perfeito para nos socorrer.

Cantarei ao SENHOR porque foi *extremamente* generoso para comigo.

Salmos 13:6

Ao músico-chefe. Salmo de Davi.

14 O INSENSATO disse no coração: "Não *há* Deus". São corruptos; praticaram obras abomináveis; não *há* ninguém que faça o bem.

2 O SENHOR olhou do céu para os filhos dos homens, para ver se havia quem entendesse *e* buscasse Deus.

3 Todos se desviaram, *todos* juntos se tornaram imundos; não *há* ninguém que faça o bem, não, nem um *sequer*.

4 De todos os que praticam a iniquidade, nenhum tem conhecimento? Devoram meu povo *como* quem come pão e não invocam ao SENHOR.

5 Ali se acharam com grande temor, pois Deus *está* na geração dos retos.

6 Envergonhastes o conselho dos pobres, porque o SENHOR *é* o refúgio deles.

7 Quem dera a salvação de Israel *viesse* de Sião! Quando o SENHOR trouxer seu povo de volta do cativeiro, Jacó se regozijará *e* Israel se alegrará.

Salmo com aroma de

LOUCURA

O salmo 14 exala o aroma da loucura daqueles que negam a Deus. O salmista afirma: "O insensato disse no coração: 'Não *há* Deus'"." A tolice da incredulidade é contrastada com a sabedoria daqueles que buscam ao Senhor. Este aroma de loucura nos adverte sobre a insensatez de viver sem reconhecer a soberania divina. Ao negarem a existência de Deus, os ímpios se corrompem e cometem abominações. Que possamos exalar a sabedoria divina, reconhecendo nossa necessidade de Deus e vivendo de acordo com seus preceitos.

Salmo de Davi.

15 SENHOR, quem habitará em teu tabernáculo? Quem residirá em teu santo monte?

2 O que anda retamente, e pratica a retidão, e no coração fala a verdade.

3 *O que* não difama com a língua, nem faz mal ao próximo, nem aceita repreensão contra o próximo.

4 *Aquele*, cujos olhos desprezam o vil; mas honra os que temem o SENHOR. *O que* jura em detrimento *de si mesmo*, mas mantém *a palavra*.

5 *O que* não empresta dinheiro com usura, nem aceita suborno contra o inocente. O que faz essas *coisas* nunca será abalado.

Salmo com aroma de

INTEGRIDADE

O salmo 15 exala o aroma da integridade, descrevendo o caráter daqueles que habitam na presença de Deus. O salmista pergunta: "SENHOR, quem habitará no teu tabernáculo?" e responde que é aquele que vive com honestidade, justiça e sinceridade. Este perfume de integridade agrada ao Senhor e traz paz ao coração. Ao buscarmos viver com integridade, nossas ações refletem a santidade de Deus. Que nossa vida exale a pureza e a retidão, demonstrando nosso compromisso com a verdade e a justiça divina em todas as nossas interações.

Mictão de Davi.

16 PRESERVA-ME, ó Deus, pois em ti
ponho a confiança.
2Ó *minha alma*, disseste ao SENHOR:
"*És* meu Senhor; minha bondade não
chega a ti",
3*mas* aos santos que *estão* na terra, e
aos notáveis, em quem *se acha* todo o
meu prazer.
4As tristezas se multiplicarão àque-
les *que* correm *atrás* de outro *deus*; suas
libações de sangue não oferecerei, nem
meus lábios mencionarão seus nomes.
5O SENHOR é a porção de minha heran-
ça e de meu cálice; conservas meu
quinhão.
6As divisas caem-me em *lugares* apra-
zíveis; sim, tenho uma maravilhosa
herança.
7Bendirei o SENHOR, que me aconse-
lhou; também meus rins me instruem
nas horas da noite.
8Pus sempre o SENHOR diante de mim;
como *está* à minha direita, não serei
abalado.
9Portanto, alegra-se meu coração e
minha glória se regozija; também minha
carne repousará na esperança.
10Pois não abandonarás minha alma no
inferno, nem permitirás que teu Santo
veja corrupção.
11Mostrar-me-ás a vereda da vida; em
tua presença, *há* plenitude de alegria; à
tua direita *há* prazeres perpetuamente.

Pus sempre o SENHOR diante de mim; como *está* à minha direita, não serei abalado.

Salmos 16:8

Salmo com aroma de

ALEGRIA

O salmo 16 exala o aroma da alegria que vem da presença de Deus. O salmista declara que o Senhor é sua herança e seu cálice, e que em sua presença há plenitude de alegria. Este perfume de alegria nos lembra que, ao buscarmos refúgio no Senhor e reconhecermos sua bondade, nossos corações são preenchidos com uma alegria profunda e duradoura. Ao vivermos em comunhão com Deus, exalamos o aroma da alegria, testemunhando a gratidão pelas bênçãos que recebemos. Que possamos sempre encontrar alegria na presença do Senhor, refletindo seu amor em nossa vida.

Oração de Davi.

17 OUVE os retos, ó SENHOR; atende a meu clamor; dá ouvidos a minha oração, *que* não *brota* de lábios fingidos.

2 Saia minha sentença de tua presença; contemplem teus olhos o que é equânime.

3 Provaste meu coração; visitaste-*me* de noite; provaste-me *e* nada encontraste; estou decidido a com os lábios não transgredir.

4 Quanto às obras dos homens, pela palavra de teus lábios *me* guardei *das* veredas do destruidor.

5 Conserva firme meu caminhar em tuas veredas, *para que* meus passos não deslizem.

6 Invoquei-te, pois me queres ouvir, ó Deus; inclina para mim teus ouvidos *e ouve* minhas palavras.

7 Mostra teu maravilhoso amor fiel, ó tu, que com tua destra salvas os que põem a confiança *em ti* daqueles que *contra eles* se levantam.

8 Guarda-me como a menina dos olhos; esconde-me, à sombra de tuas asas,

9 dos ímpios que me oprimem, de meus inimigos mortais, *que* me cercam.

10 Encerram-se na própria gordura; com a boca, falam orgulhosamente.

11 Agora nos cercaram os passos; fixaram os olhos curvando-se para a terra,

12 como o leão ávido de sua presa e como o leãozinho à espreita no esconderijo.

13 Levanta-te, ó SENHOR, frustra-o, transtorna-o; livra minha alma do ímpio, *pela* tua espada;

14 dos homens, *que são* tua mão; ó SENHOR, dos homens do mundo, *que têm* sua porção *nesta* vida e cujo ventre enches com teu *tesouro* escondido; estão plenos de filhos e deixam o sobejo de seus *bens* para seus pequeninos.

15 Quanto a mim, contemplarei tua face em retidão; saciar-me-ei, quando acordar, de tua semelhança.

Salmo com aroma de

JUSTIÇA

O salmo 17 exala o aroma da justiça divina. O salmista clama a Deus para ser julgado com retidão, confiando que Ele vê a verdade e conhece o coração. Este perfume de justiça nos lembra que, mesmo quando enfrentamos acusações e dificuldades, podemos confiar na sua justiça perfeita. Ao entregarmos nossas causas nas mãos do Senhor, somos envolvidos pelo aroma da sua justiça, que nos defende e nos protege. Que nossas ações exalem-na em todas as nossas interações, demonstrando nossa fé e confiança no justo julgamento de Deus.

Ao músico-chefe. Salmo de Davi, servo do Senhor, que disse ao Senhor as palavras desta canção no dia em que o Senhor o livrou das mãos de todos os seus inimigos, e das mãos de Saul. E disse:

18 AMAR-TE-EI, ó SENHOR, minha
força.
2O SENHOR *é* minha rocha, e minha
fortaleza, e meu libertador; meu Deus,
minha força, em quem confiarei; meu
broquel, e o chifre de minha salvação,
e minha torre alta.
3Invocarei o nome do SENHOR, *que é*
digno de ser louvado; então serei salvo
de meus inimigos.
4As tristezas da morte me cercaram, e as torrentes dos ímpios me assombraram.
5As tristezas do inferno me cercaram;
os laços da morte me seguraram.
6Em minha aflição invoquei ao SENHOR
e clamei a meu Deus; ouviu-me a voz desde seu templo, e meu clamor chegou a sua
presença, *a saber*, a seus ouvidos.
7Então a terra se abalou e estremeceu;
também os fundamentos dos montes
se moveram e se abalaram, porquanto
estava irado.

Invocarei o nome do SENHOR, *que é digno* de ser louvado...
Salmos 18:3

8 Subiu fumaça de suas narinas, e de sua boca fogo consumidor que acendeu as brasas.

9 Também abaixou os céus e desceu, e a escuridão *estava* debaixo de seus pés.

10 E montou um querubim, e voou; sim, voou nas asas do vento.

11 Fez das trevas seu esconderijo; o pavilhão ao redor dele *eram* águas escuras *e* densas nuvens do firmamento.

12 Diante do esplendor de sua presença, suas densas nuvens se dissiparam, *e os granizos* da saraiva, e as brasas de fogo.

13 O SENHOR também trovejou nos céus, e o Altíssimo ressoou a voz: *granizos* de saraiva e brasas de fogo.

14 Sim, arremessou suas flechas e as dispersou; e disparou relâmpagos, e os desbaratou.

15 Então se viram os álveos das águas, e os fundamentos do mundo foram expostos por tua repreensão, ó SENHOR, pela rajada do sopro de tuas narinas.

16 Estendeu-se desde o alto; tomou-me; tirou-me das muitas águas.

17 Livrou-me de meu inimigo forte e dos que me odiavam, pois eram demasiado fortes para mim.

18 Opuseram-se a mim no dia de minha calamidade, mas o SENHOR foi meu esteio.

19 Também me levou para um lugar espaçoso; livrou-me, porque se deleitava em mim.

20 O SENHOR retribuiu-me conforme minha retidão; conforme a purificação de minhas mãos, recompensou-me.

21 Pois segui os caminhos do SENHOR, e não me apartei impiamente de meu Deus.

22 Pois todos os seus juízos *estavam* diante de mim, e não afastei de mim seus estatutos.

23 Também fui reto diante dele, e me guardei de minha iniquidade.

24 Portanto, o SENHOR me recompensou conforme minha retidão, conforme a purificação de minhas mãos diante de seus olhos.

25 Com o misericordioso te mostrarás misericordioso; com o reto te mostrarás reto;

26 com o puro te mostrarás puro; e com o obstinado te mostrarás obstinado.

27 Pois salvarás o povo aflito, mas olhos altivos abaterás.

28 Pois acenderás minha candeia; o SENHOR, meu Deus, alumiará minhas trevas.

29 Pois graças a ti corri em meio a uma tropa; e graças a meu Deus saltei uma muralha.

30 *Quanto a* Deus, seu caminho *é* perfeito; a palavra do SENHOR é provada; *é* broquel a todos os que nele confiam.

31 Pois quem *é* Deus senão o SENHOR? Ou quem é rochedo senão nosso Deus?

32 *É* Deus que me cinge de força e aperfeiçoa meu caminho.

33 Faz meus pés como os *pés* da corça, e põe-me em minhas alturas.

34 Adestra-me as mãos para a guerra, de sorte que meus braços quebram um arco de aço.

35 Também me deste o escudo de tua salvação; e tua destra me susteve, e tua doçura me engrandeceu.

36 Alargaste meus passos debaixo de mim, de sorte que meus pés não deslizaram.

37 Persegui meus inimigos, e os alcancei; e não retrocedi enquanto não foram consumidos.

38 Feri-os de modo que não se puderam levantar; jazem debaixo de meus pés.

39 Pois me cingiste de força para a batalha; subjugaste debaixo de mim os que contra mim se levantaram.

40Também me deste o pescoço de meus
inimigos para que pudesse destruir os
que me odeiam.
41Clamaram, mas não *houve* nin-
guém que *os* salvasse; *sim, clamaram* ao
SENHOR, mas não lhes atendeu.
42Então os esmiucei como o pó dian-
te do vento; lancei-os fora como o cisco
das ruas.
43Livraste-me das contendas do povo;
e me fizeste por cabeça dos pagãos; um
povo *que* não conheci me servirá.
44Assim que me ouvirem, me obe-
decerão; os estrangeiros a mim se
submeterão.
45Os estrangeiros desfalecerão e com
medo sairão de suas fortificações.
46O SENHOR vive; e bendita *seja* minha
rocha; e exaltado seja o Deus de minha
salvação.
47*É* Deus que me vinga, e sujeita os
povos debaixo de mim.
48Livra-me de meus inimigos; sim, ele-
vas-me acima dos que se levantam con-
tra mim; livraste-me do homem violento.
49Portanto, render-te-ei graças, ó
SENHOR, entre os pagãos, e cantarei lou-
vores a teu nome.
50Grande livramento concede a seu rei;
e mostra misericórdia a seu ungido, Davi,
e a sua semente para sempre.

Salmo com aroma de

VITÓRIA

O salmo 18 exala o aroma da vitória divina. Davi celebra a libertação e o socorro divino em suas batalhas, reconhecendo o poder e a fidelidade do Senhor. Este perfume de vitória nos lembra

O SENHOR vive; e bendita seja minha rocha; e exaltado seja o Deus de minha salvação.

Salmos 18:46

que, com Deus ao nosso lado, somos mais que vencedores. Sua força nos capacita a superar os desafios e a triunfar sobre nossos inimigos. Ao louvarmos a Deus por suas vitórias em nossa vida, exalamos o aroma da gratidão e da confiança. Que nossa confiança em Deus exale o aroma da vitória, sabendo que Ele é nosso defensor e salvador.

Ao músico-chefe. Salmo de Davi.

19 OS céus declaram a glória de Deus;
e o firmamento mostra a obra de
suas mãos.
2Um dia discursa a outro dia, e uma
noite mostra conhecimento a outra
noite.
3Não *há* discurso nem linguagem, *e* não
se lhes ouve a voz.
4Sua linha percorre toda a terra, e suas
palavras *vão* ao fim do mundo. Neles, pôs
um tabernáculo para o sol,
5que *é* qual noivo que sai de seu tálamo
e regozija-se como um homem forte
a empreender uma corrida.
6Sua saída *avança* desde uma extremidade
do céu, e seu trajeto *segue* até a
outra; e nada se furta a seu calor.
7A lei do SENHOR *é* perfeita e converte
a alma; o testemunho do SENHOR *é* fidedigno
e torna sábios os simples.
8Os estatutos do SENHOR *são* retos e
alegram o coração; o mandamento do
SENHOR *é* puro e alumia os olhos.
9O temor do SENHOR *é* límpido e dura
para sempre; os juízos do SENHOR *são*
verdadeiros *e* totalmente retos.
10Mais desejáveis *são* que o ouro, sim,
que muito ouro refinado; também mais
doces que o mel e o destilar dos favos.
11Ademais, por eles é teu servo
advertido; *e* em os guardar *há* grande
recompensa.
12Quem pode entender *os próprios*
erros? Purifica-me das *faltas* ocultas.
13Guarda também teu servo dos *pecados*
da soberba; não tenham domínio
sobre mim; então serei reto, e serei inocente
de grande transgressão.
14Sejam as palavras de minha boca e
a meditação de meu coração aceitáveis
a teus olhos, ó SENHOR, minha força e
meu redentor.

Salmo com aroma de

REVELAÇÃO

O salmo 19 exala o aroma da revelação divina. O céu e a terra declaram a glória do Criador, e sua lei é perfeita, restaurando a alma. A criação e a Palavra de Deus revelam sua grandeza e sabedoria, enchendo nossos corações de admiração e louvor. Este perfume de revelação nos convida a meditar na lei do Senhor e a reconhecer sua presença em todas as coisas. Que nossa vida exale o aroma da revelação, refletindo a luz e a verdade divinas em todas as nossas ações e palavras, vivendo segundo seus preceitos.

Ao músico-chefe. Salmo de Davi.

20 O SENHOR te ouça no dia da tribulação; o nome do Deus de Jacó te defenda;
2 envie-te auxílio desde o santuário e te fortaleça desde Sião;
3 lembre-se de todas as tuas ofertas e aceite teu holocausto. SELÁ.
4 Conceda-te conforme teu coração e cumpra todo o teu desígnio.
5 Regozijar-nos-emos em tua salvação, e no nome de nosso Deus hastearemos *nossas* bandeiras; cumpra o SENHOR todas as tuas petições.
6 Agora sei que o SENHOR salva seu ungido; ouvi-lo-á desde seu santo céu com a força salvífica de sua destra.
7 Uns *confiam* em carros, e outros em cavalos, mas nos lembraremos do nome do SENHOR, nosso Deus.
8 São derrubados e caem, mas nós nos levantamos e ficamos de pé.
9 Concede salvação, SENHOR; ouça-nos o rei quando chamarmos.

Salmo com aroma de

AJUDA

O salmo 20 exala o aroma da ajuda divina. Este cântico é um clamor por socorro, no qual o salmista confia plenamente na capacidade de Deus de responder e salvar. O aroma da ajuda nos lembra que podemos confiar na intervenção de Deus em tempos de necessidade, sabendo que Ele é nosso refúgio e fortaleza. Ao depositarmos nossa confiança no Senhor e buscarmos

Uns confiam em carros, e outros em cavalos, mas nos lembraremos do nome do SENHOR, nosso Deus.

Salmos 20:7

sua ajuda, exalamos o aroma da fé e da esperança. Que nossa vida seja um testemunho da ajuda divina, mostrando aos outros a fidelidade e o cuidado de Deus.

Ao músico-chefe. Salmo de Davi.

21 O REI se alegrará em tua força,
ó SENHOR; e em tua salvação se
regozijará grandemente!
2Concedeste-lhe o desejo do coração,
e não negaste o pedido de seus lábios.
SELÁ.
3Pois lhe provês as bênçãos da bonda-
de; puseste-lhe uma coroa de ouro puro
sobre a cabeça.
4Ele te pediu vida, *e* tu lha deste, *a*
saber, extensão de dias para todo o
sempre.
5Sua glória *é* grande por tua salvação;
de honra e majestade o cobriste.
6Pois para sempre o tornaste mais que
abençoado; alegraste-o sobremaneira
com tua face.
7Pois o rei confia no SENHOR, e pela
misericórdia do Altíssimo não será
abalado.
8Tua mão achará todos os teus inimi-
gos; tua destra achará os que te odeiam.
9Fá-los-ás como forno ardente no tem-
po de tua ira; o SENHOR os engolirá em
sua ira, e o fogo os devorará.
10Da terra destruirás seu fruto, e sua
semente dentre os filhos dos homens.
11Pois intentaram o mal contra ti;
maquinaram uma trama perversa *que*
não podem *executar.*
12Portanto, farás que deem as costas
quando contra o rosto deles preparares
tuas flechas em tuas cordas.
13Sê exaltado, SENHOR, em tua
força; *então* cantaremos e louvaremos
teu poder.

Salmo com aroma de

REGOZIJO

O salmo 21 exala o aroma do regozijo pela bondade e fidelidade divinas. Davi celebra as vitórias e bênçãos concedidas pelo Senhor, reconhecendo seu poder e misericórdia. Este perfume de regozijo é uma expressão de gratidão e louvor pelas maravilhas que Deus realiza em nossa vida. Ao vivermos em comunhão com Ele e reconhecermos suas obras, somos preenchidos com uma alegria transbordante. Que nossa vida exale o aroma do regozijo, testemunhando a bondade e a fidelidade de Deus a todos ao nosso redor, inspirando outros a confiarem no Senhor.

Ao músico-chefe sobre
Aijelete-Hás-Saar. Salmo de Davi.

22 DEUS meu, Deus meu, por que me
abandonaste? *Por que estás tão*
longe de me ajudares *e das* palavras de
meu bramido?
2Ó meu Deus, clamo de dia, mas não
me ouves; e nas horas da noite, não fico
silente.
3Mas *és* santo, ó *tu,* que habitas os lou-
vores de Israel.
4Nossos pais confiaram em ti; confia-
ram, e os livraste.

5Clamaram a ti, e foram libertos; con-
fiaram em ti, e não foram confundidos.
6Mas *sou* um verme, e não homem;
opróbrio dos homens e desprezado pelo
povo.
7Todos os que me veem riem-se e
escarnecem de mim; torcem os lábios e
meneiam a cabeça, *dizendo*:
8"Confiou no SENHOR, *que* ele o livra-
ria; livre-o, visto que nele se deleitou".
9Mas tu *és* o que me tirou do útero;
fizeste-me ter esperança *quando estava*
ao seio de minha mãe.
10Fui lançado sobre ti desde o útero; *és*
meu Deus desde o ventre de minha mãe.
11Não te afastes de mim, pois a tribu-
lação *está* próxima, pois *também* não *há*
ninguém que ajude.
12Muitos touros me cercaram; fortes
touros de Basã me rodearam.
13Abriram a boca contra mim, *como*
um leão ataca a presa e ruge.
14Sou derramado como água, e todos
os meus ossos estão desconjuntados;
meu coração é como cera; derrete-se
no interior de minhas entranhas.
15Minha força se secou como um caco;
e minha língua se apega a minha mandí-
bula; e me puseste no pó da morte.
16Pois os cães me cercaram; a assem-
bleia dos ímpios me encerrou; perfura-
ram-me as mãos e os pés.
17Posso contar todos os meus ossos;
me olham *e* fitam.
18Dividem meus vestidos entre eles e
lançam a sorte sobre minha túnica.
19Mas não fiques longe de mim, ó
SENHOR; ó força minha, apressa-te em
socorrer-me.
20Livra minha alma da espada; minha
querida da força do cão.
21Salva-me da boca do leão, pois me
ouviste desde os chifres dos unicórnios.

Mas não fiques longe de mim, ó SENHOR; ó força minha, apressa-te em socorrer-me.

Salmos 22:19

22Anunciarei teu nome a meus irmãos;
louvar-te-ei em meio à congregação.
23Vós, que temeis o SENHOR, louvai-o;
todos vós, semente de Jacó, glorificai-o;
e temei-o todos vós, semente de Israel.
24Pois não desprezou nem abominou
a aflição dos aflitos, nem dele escondeu
o rosto; mas, quando clamou, o ouviu.
25Meu louvor *virá* de ti na grande con-
gregação; pagarei meus votos perante
os que o temem.
26Os mansos comerão e se saciarão; lou-
varão o SENHOR os que o buscam; vosso
coração viverá para sempre.
27Todos os confins do mundo se lem-
brarão e se voltarão para o SENHOR; e
todas as famílias das nações adorarão
diante de ti.
28Pois o reino *é* do SENHOR, e é quem
governa as nações.
29Todos os ricos da terra comerão e
adorarão; todos os que descem ao pó se
curvarão diante dele; e ninguém pode
manter viva a própria alma.
30Uma semente o servirá; contará do
Senhor à próxima geração.
31A um povo que haverá de nascer,
virão e anunciarão a retidão dele, e *tudo
o* que fez.

Salmo com aroma de

ANGÚSTIA

O salmo 22 exala o aroma da angústia e do clamor por socorro em meio ao sofrimento. Davi expressa sua profunda dor e sensação de abandono, mas também reafirma sua confiança em Deus. Este perfume de angústia nos lembra que podemos derramar nossos corações diante do Senhor, sabendo que Ele nos ouve e nos sustenta. Em meio às dificuldades, o aroma da fé e da esperança emerge, apontando para a fidelidade de Deus. Que nossa vida exale confiança no Senhor, mesmo nos momentos de maior angústia, sabendo que Ele está sempre conosco e nos sustentará.

Salmo de Davi.

23 O SENHOR *é* meu pastor; *de nada*
terei falta.
2Ele me faz deitar em verdes pas-
tagens; guia-me ao longo de águas
tranquilas.
3Restaura-me a alma; guia-me nas sen-
das da retidão por amor de seu nome.
4Sim, ainda que eu ande pelo vale
da sombra da morte, não temerei mal
algum, pois *estás* comigo; teu bordão e
teu cajado me consolam.
5Preparas uma mesa diante de mim na
presença de meus inimigos: unges-me a
cabeça com óleo; meu cálice transborda.
6Certamente a bondade e a misericór-
dia me seguirão todos os dias de minha
vida; e habitarei na casa do SENHOR para
sempre.

Salmo com aroma de

PROTEÇÃO

O salmo 23 exala o aroma da proteção divina, em que o Senhor é nosso Pastor, guiando-nos e cuidando de nós. Sob sua proteção, nada nos falta e somos conduzidos a verdes pastos e águas tranquilas. Este perfume de proteção nos conforta, mesmo quando caminhamos pelo vale da sombra da morte. A presença de Deus nos acompanha, garantindo segurança e paz. Ao confiarmos na proteção do Senhor, exalamos o aroma da tranquilidade e da confiança. Que nossa vida seja um reflexo da segurança e do cuidado divino, inspirando outros a confiarem no Pastor.

Salmo de Davi.

24 A TERRA é do SENHOR, também sua plenitude, o mundo e os que nele habitam.

2 Pois a fundou sobre os mares e a estabeleceu sobre os rios.

3 Quem subirá ao monte do SENHOR? Ou quem ficará em seu santo lugar?

4 O que tem mãos limpas e coração puro, que não entregou a alma para a vaidade, nem jurou enganosamente.

5 Este receberá a bênção do SENHOR e a justiça do Deus de sua salvação.

6 Essa *é* a geração dos que o buscam, que buscam sua face, ó Jacó. SELÁ.

7 Levantai a cabeça, ó portas; e ficai erguidas, ó entradas eternas; e entrará o Rei da glória.

8 Quem *é* esse Rei da glória? O SENHOR forte e poderoso, o SENHOR poderoso na batalha.

9 Levantai a cabeça, ó portas; sim, levantai-*a*, ó entradas eternas; e entrará o Rei da glória.

Levantai a cabeça, ó portas; e ficai erguidas, ó entradas eternas; e entrará o Rei da glória.

Salmos 24:7

10 Quem é este Rei da glória? O SENHOR
dos Exércitos; ele *é* o Rei da glória. SELÁ.

Salmo com aroma de

GLÓRIA

O salmo 24 exala o aroma da glória divina, celebrando a majestade e a soberania do Senhor. Este cântico declara que a terra e tudo o que nela há pertencem a Deus, exaltando sua autoridade sobre toda a criação. O aroma da sua glória enche os céus e a terra, convidando-nos a adorá-lo em reverência. Ao reconhecermos a glória e o poder de Deus, nossa vida é transformada e renovada. Que nossa vida exale o aroma da glória divina, refletindo a majestade e a grandeza do nosso Criador em tudo o que fazemos e dizemos.

Salmo de Davi.

25 A TI, ó SENHOR, elevo minha alma.
2 Ó meu Deus, confio em ti; não
me deixes ser envergonhado, nem que
meus inimigos triunfem sobre mim.
3 Sim, não seja envergonhado nenhum
dos que esperam em ti; sejam envergo-
nhados os que transgridem sem causa.
4 Mostra-me teus caminhos, ó SENHOR;
ensina-me tuas veredas.
5 Guia-me em tua verdade e ensina-me,
pois *és* o Deus de minha salvação; em ti
espero o dia inteiro.
6 Lembra-te, ó SENHOR, de tuas ternas
misericórdias e de teu amor fiel, pois
existem desde a antiguidade.
7 Não te recordes dos pecados de
minha juventude nem de minhas trans-
gressões; segundo tua misericórdia,
lembra-te de mim por tua bondade, ó
SENHOR.
8 Bom e reto *é* o SENHOR; portanto,
ensinará o caminho aos pecadores.
9 Aos mansos guiará na justiça; e aos
mansos ensinará seu caminho.
10 Todos os caminhos do SENHOR *são*
misericórdia e verdade para os que
guardam sua aliança e seus teste-
munhos.
11 Por amor de teu nome, ó SENHOR,
perdoa minha iniquidade, pois *é* grande.
12 Qual *é* o homem que teme o SENHOR?
A esse ensinará no caminho *que* há de
escolher.
13 Sua alma repousará tranquila; e sua
semente herdará a terra.
14 O segredo do SENHOR *é* para os que
o temem; e mostrar-lhes-á sua aliança.
15 Meus olhos *estão* sempre voltados
para o SENHOR, pois tirará meus pés
da rede.
16 Volta-te para mim e tem misericór-
dia de mim, pois *estou* desolado e aflito.
17 As tribulações de meu coração
se multiplicaram; tira-me de minhas
aflições.
18 Atenta para minha angústia e para
minha dor, e perdoa todos os meus
pecados.
19 Considera meus inimigos, pois são
muitos; e me odeiam com ódio cruel.
20 Ah, guarda minha alma e livra-me;
não me deixes ser envergonhado, pois
em ti ponho minha confiança.
21 Conservem-me a integridade e a
retidão, pois em ti espero.
22 Redime Israel, ó Deus, de todas as
suas tribulações.

Salmo com aroma de

ORIENTAÇÃO

O salmo 25 exala o aroma da orientação divina, por meio do qual Davi clama por direção e sabedoria. Confiando na misericórdia e na fidelidade de Deus, ele busca a orientação do Senhor em cada passo. Este perfume de orientação nos lembra que, ao entregarmos nossos caminhos a Ele, somos guiados com segurança e sabedoria. Sua Palavra é uma lâmpada para nossos pés e luz para o nosso caminho. Que nossa vida exale o aroma da submissão à vontade de Deus, demonstrando nossa dependência na sua orientação divina em todas as nossas decisões e ações.

Salmo de Davi.

26 JULGA-ME, ó SENHOR, pois tenho andado em minha integridade; também tenho confiado no SENHOR; *portanto*, não vacilarei.
2Examina-me, ó SENHOR, e prova-me; sonda meus rins e meu coração.
3Pois teu amor fiel *está* diante de meus olhos; e tenho andado em tua verdade.
4Não me assentei com pessoas vãs, nem andarei com dissimulados.
5Tenho abominado a congregação dos malfeitores; e não me assentarei com os ímpios.
6Lavarei as mãos na inocência; assim me acercarei de teu altar, ó SENHOR,
7para que, com voz de ação de graças, eu proclame e conte todas as tuas maravilhosas obras.

Lavarei as mãos na inocência; assim me acercarei de teu altar, ó SENHOR.

Salmos 26:6

8 Senhor, amo a morada que é tua casa e o lugar onde habita tua honra.

9 Não colhas minha alma com os pecadores, nem minha vida com os sanguinolentos,

10 em cujas mãos *há* prejuízo e cuja destra se enche de subornos.

11 Quanto a mim, porém, andarei em minha integridade; concede tua redenção e sê misericordioso comigo.

12 Meus pés estão postos em lugar plano; nas congregações, bendirei o Senhor.

Salmo com aroma de
INTEGRIDADE

O salmo 26 exala o aroma da integridade, um perfume que agrada ao Senhor e traz paz ao coração. Davi declara sua integridade e confia no julgamento justo de Deus. Viver com integridade significa ser honesto e sincero em todas as áreas da vida, refletindo o caráter de Deus. Este aroma de integridade nos chama a examinar nossos corações e a andar na verdade. Ao seguirmos os preceitos divinos, somos fortalecidos e guiados pelo Espírito Santo, exalando o aroma da integridade em todas as nossas ações, influenciando positivamente aqueles ao nosso redor.

Salmo de Davi.

27 O Senhor *é* minha luz e minha salvação; a quem temerei? O Senhor *é* a força de minha vida; de quem terei medo?

2 Quando os ímpios, *sim,* meus inimigos e meus adversários, vieram contra mim para comer minha carne, tropeçaram e caíram.

3 Ainda que um exército se acampe contra mim, meu coração não temerá; ainda que a guerra se arme contra mim, nisso *estarei* confiante.

4 Uma *coisa* pedi ao Senhor *e* a buscarei: que eu habite na casa do Senhor todos os dias de minha vida, para contemplar a beleza do Senhor e me instruir em seu templo.

5 Pois no tempo da tribulação ele me esconderá em seu pavilhão; no oculto de seu tabernáculo me esconderá; por-me-á sobre uma rocha.

6 E agora minha cabeça se erguerá sobre meus inimigos ao redor; portanto, oferecerei em seu tabernáculo sacrifícios de júbilo; cantarei, sim, cantarei louvores ao Senhor.

7 Ouve, ó Senhor, *quando* clamar com minha voz; ainda, tem misericórdia de mim e responde-me.

8 *Quando disseste*: "Buscai minha face"; meu coração te disse: "Tua face, Senhor, buscarei".

9 Não escondas tua face de mim; não rejeites teu servo com indignação; tens sido meu auxílio; não me deixes nem me abandones, ó Deus de minha salvação.

10 Quando meu pai e minha mãe me abandonarem, o Senhor me acolherá.

11 Ensina-me teu caminho, ó Senhor, e guia-me pela vereda plana por causa de meus inimigos.

12 Não me entregues à vontade de meus inimigos, pois contra mim se levantam falsas testemunhas, e os que respiram crueldade.

13 *Teria desfalecido* se não tivesse crido que veria a bondade do Senhor na terra dos viventes.

[14]Espera no SENHOR; sê corajoso, e ele
te fortalecerá o coração; espera, *outra
vez* digo, no SENHOR.

Salmo com aroma de

CORAGEM

O salmo 27 exala o aroma da coragem em Deus. Davi encontra força e confiança no Senhor, declarando que Ele é sua luz e salvação, e que não há razão para temer. Mesmo diante de adversidades e inimigos, ele mantém sua fé inabalável. Este perfume de coragem nos inspira a enfrentar os desafios com confiança em Deus, sabendo que Ele é nosso refúgio e fortaleza. Ao depositarmos nossa confiança no Senhor, exalamos o aroma da coragem e da esperança, demonstrando que nossa força vem dele. Que nossa vida reflita essa coragem divina em todas as circunstâncias.

Salmo de Davi.

28 A TI clamarei, ó SENHOR, minha
rocha; não te silencies para
comigo, para que, *caso* te silencies, eu
me não me torne como os que descem
à cova.
[2]Ouve a voz de minhas súplicas quan-
do a ti clamar, quando erguer as mãos na
direção de teu santo oráculo.
[3]Não me despeças com os ímpios e com
os que praticam a iniquidade, que falam
de paz ao próximo, mas *têm* o mal no
coração.

Espera no SENHOR;
sê corajoso, e ele te
fortalecerá o coração...
Salmos 27:14

4Dá-lhes segundo suas obras e segundo a impiedade de seus empreendimentos; dá-lhes segundo a obra das mãos; retribui-lhes o que merecem.

5Porque não consideram as obras do SENHOR, nem os feitos de suas mãos; ele os destruirá, e não os edificará.

6Bendito *seja* o SENHOR, porque ouviu a voz de minhas súplicas.

7O SENHOR *é* minha força e meu escudo; meu coração confiou nele, e sou socorrido; portanto, meu coração muito se regozija; e com meu cântico o louvarei.

8O SENHOR *é* a força de seu povo, e a força salvífica de seu ungido.

9Salva teu povo e abençoa tua herança; apascenta-os também, e ergue-os para sempre.

Salmo com aroma de

SÚPLICAS

O salmo 28 exala o aroma das súplicas fervorosas, no qual Davi clama por misericórdia e socorro. Ele confia que Deus ouvirá sua voz e lhe concederá ajuda. Este perfume de súplicas revela um coração dependente do Senhor, que confia plenamente em sua ajuda. Ao apresentarmos nossas necessidades e preocupações a Ele, encontramos paz e alívio. Deus ouve nossas orações e responde com amor e compaixão. Que nossa vida exale o aroma da dependência divina, mostrando nossa confiança no Senhor em todas as circunstâncias e encorajando outros a buscarem sua face com fé e fervor.

Salmo de Davi.

29 Dai ao SENHOR, ó poderosos, dai ao SENHOR glória e força.

2Dai ao SENHOR a glória devida a seu nome; adorai o SENHOR na beleza de sua santidade.

3A voz do SENHOR *está* sobre as águas; o Deus da glória troveja; o SENHOR *está* sobre as muitas águas.

4A voz do SENHOR *é* poderosa; a voz do SENHOR *é* cheia de majestade.

5A voz do SENHOR quebra os cedros; sim, o SENHOR quebra os cedros do Líbano.

6Ele também os faz saltar como novilhos; ao Líbano e a Siriom, como filhote de unicórnio.

7A voz do SENHOR corta as labaredas de fogo.

8A voz do SENHOR abala o deserto; o SENHOR abala o deserto de Cades.

9A voz do SENHOR faz as corças darem cria, e desnuda as florestas; e em seu templo todos falam de *sua* glória.

10O SENHOR assenta-se sobre o dilúvio; sim, o SENHOR assenta-se como Rei para sempre.

11O SENHOR dará força a seu povo; o SENHOR abençoará seu povo com paz.

Salmo com aroma de

PODER

O salmo 29 exala o aroma do poder divino, em que a voz do Senhor ressoa com majestade e força. Este cântico celebra a grandiosidade e a soberania de Deus sobre toda a criação. O perfume do seu poder nos lembra que Ele é capaz de realizar o impossível e transformar nossa vida. Ao reconhecermos sua autoridade e nos rendermos ao seu domínio, exalamos o aroma da reverência e da confiança. Que nossa vida testemunhe o poder de Deus, refletindo sua glória e proclamando sua grandeza ao mundo, inspirando outros a reconhecerem e adorarem o Senhor Todo-Poderoso.

Salmo e cântico por ocasião da dedicação da casa de Davi.

30 EXALTAR-TE-EI, ó SENHOR, pois
me reergueste e não deixaste que
meus inimigos se regozijassem contra
mim.
2Ó SENHOR, meu Deus, a ti clamei, e
me saraste.
3Ó SENHOR, alçaste-me a alma do
túmulo; conservaste-me vivo, para eu
não descer à cova.
4Cantai ao SENHOR, ó vós, seus santos,
e dai graças quando vos lembrardes de
sua santidade.
5Pois sua indignação *dura apenas um*
instante; em seu favor *está* a vida; o cho-
ro pode durar uma noite, mas a alegria
chega pela manhã.
6E, em minha prosperidade, declara-
rei: "Nunca serei abalado".
7SENHOR, por teu favor firmaste e for-
taleceste minha montanha; escondeste
o rosto, *e* fiquei atribulado.
8Clamei a ti, ó SENHOR; e ao SENHOR
apresentei súplicas.
9Que proveito *há* em meu sangue
quando descer à cova? O pó te louvará?
Proclamará tua verdade?

Cantai ao SENHOR, ó vós, seus santos, e dai graças quando vos lembrardes de sua santidade.

Salmos 30:4

10Ouve, ó SENHOR, e tem misericórdia
de mim; SENHOR, sê meu ajudador.
11Tornaste-me o pranto em dança;
tiraste meu pano de saco e cingiste-me
de alegria,
12com o fito de que *minha* glória te can-
te louvores e não se silencie. Ó SENHOR,
meu Deus, para sempre te darei graças.

Salmo com aroma de

GRATIDÃO

O salmo 30 exala o aroma da gratidão pelas misericórdias de Deus. Davi agradece ao Senhor por sua ajuda e livramento, reconhecendo que foi resgatado do sofrimento e da morte. Este perfume de gratidão surge das profundezas de um coração que reconhece a bondade e a fidelidade do Senhor. Ao refletirmos sobre as bênçãos e as intervenções divinas em nossa vida, somos preenchidos com um profundo senso de gratidão. Que nossa vida exale esse aroma, expressando continuamente nossa gratidão a Deus através de palavras e ações, e inspirando outros a reconhecerem e agradecerem pelas maravilhas que Ele realiza.

Ao músico-chefe. Salmo de Davi.

31 Em ti, Ó SENHOR, deposito a con-
fiança; jamais seja eu envergonha-
do; livra-me em tua retidão.
2Inclina teus ouvidos para mim; livra-
-me sem demora; sê minha rocha firme,
uma casa de defesa que me salve.
3Pois *és* minha rocha e minha forta-
leza; portanto, por amor de teu nome,
conduze-me e guia-me.
4Tira-me da rede que armaram às ocul-
tas para mim, pois *és* minha força.
5Em tuas mãos encomendo meu espí-
rito; redimiste-me, ó SENHOR, Deus da
verdade.
6Odiei os que se entregam às vai-
dades mentirosas, mas confio no
SENHOR.
7Alegrar-me-ei e regozijar-me-ei em
tua misericórdia, pois consideraste
minha tribulação; nas adversidades,
conheceste-me a alma
8e me não prendeste nas mãos do ini-
migo; puseste meus pés em um lugar
amplo.
9Tem misericórdia de mim, ó SENHOR,
pois estou em tribulação; meus olhos
estão consumidos de tristeza; *sim*, minha
alma e meu ventre.
10Pois passo a vida na tristeza e os
anos em suspiros; minha força desfa-
lece por causa de minha iniquidade, e
meus ossos se consomem.
11Servi de opróbrio entre todos os
meus inimigos, e ainda mais entre os
vizinhos, e *fui* um horror para meus
conhecidos; os que na rua me viram
fugiram de mim.
12Fiquei esquecido na mente deles
como um morto; sou como um vaso
quebrado.
13Pois ouvi a difamação de muitos; o
pavor *estava* por todo lado; ao conspira-
rem juntos contra mim, tramaram tirar-
-me a vida.
14Mas em ti confiei, ó SENHOR; eu dis-
se: "*És* meu Deus".
15Meus dias *estão* em tuas mãos; livra-
-me das mãos de meus inimigos e dos
que me perseguem.

16Faze resplandecer teu rosto sobre
teu servo; salva-me por amor de tuas
misericórdias.
17Não seja eu envergonhado, ó SENHOR,
pois a ti invoquei; sejam envergonhados
os ímpios, *e* sejam silenciados no túmulo.
18Sejam silenciados os lábios menti-
rosos, os quais, com orgulho e desdém,
proferem maldades contra os justos.
19*Ó*, quão grande *é* tua bondade, *a*
qual reservaste para os que te temem
e demonstraste aos que em ti confiam
diante dos filhos dos homens!
20Do orgulho dos homens, tu os escon-
derás no segredo de tua presença; da
contenda das línguas, escondê-los-ás
em um pavilhão.
21Bendito *seja* o SENHOR, pois me mos-
trou sua maravilhosa bondade em uma
cidade fortificada.
22Pois precipitei-me em afirmar: "Fui
cortado de diante de teus olhos"; con-
tudo, ouviste a voz de minhas súplicas
quando a ti clamei.
23Amem o SENHOR, ó vós todos, san-
tos seus, *pois* o SENHOR preserva o fiel
e retribui plenamente o que age com
orgulho.
24Sede corajosos, e ele vos fortale-
cerá o coração, todos vós que aguardais
no SENHOR.

Salmo com aroma de

REFÚGIO

O salmo 31 exala o aroma do refúgio seguro em Deus. Davi encontra segurança e proteção em seus braços, confiando plenamente em seu socorro. Este perfume de refúgio nos lembra

Amem o SENHOR, ó vós todos, santos seus, pois o Senhor preserva o fiel...

Salmos 31:23

que, mesmo nas tempestades da vida, podemos encontrar paz e segurança nele. Sua fidelidade é um abrigo seguro para nossas almas, e ao buscarmos refúgio no Senhor, somos renovados em força e esperança. Que nossa vida exale o aroma da confiança no refúgio divino, demonstrando que nossa segurança e paz vêm do Senhor, que é nosso constante protetor e defensor.

Salmo de Davi. Masquil.

32 BEM-AVENTURADO *é aquele cuja*
transgressão *é* perdoada, *cujo*
pecado é coberto.
2 Bem-aventurado *é* o homem a quem
o SENHOR não atribui iniquidade e em
cujo espírito não *há* dolo.
3 Quando guardei silêncio, meus ossos
envelheceram por causa de meu bramido o dia inteiro.
4 Pois dia e noite tua mão foi pesada
sobre mim; meus fluidos se tornaram
em estiagem de verão. SELÁ.
5 Reconheço diante de ti meu pecado, e
minha iniquidade não escondi. Eu disse:
"Confessarei minhas transgressões ao
SENHOR", e perdoaste a iniquidade de
meu pecado. SELÁ.
6 Portanto, todos os piedosos a ti orarão na ocasião em que podes ser achado;
decerto, nas grandes enchentes, essas
não o alcançarão.
7 *És* meu esconderijo; da tribulação me
preservarás; cercar-me-ás com cânticos
de livramento. SELÁ.
8 Instruir-te-ei e ensinar-te-ei no caminho em que deves andar; guiar-te-ei com
meus olhos.
9 Não sejais como o cavalo, *ou* como a
mula, *que* não têm entendimento, cuja
boca precisa ser controlada com freios e
rédeas para que não se lancem contra ti.
10 O ímpio *terá* muitas tristezas, mas
o que confia no SENHOR, a misericórdia
o cercará.
11 Alegrai-vos no SENHOR e regozijai-
-vos, vós, os retos; e bradai de júbilo,
todos *vós que sois* corretos de coração.

Salmo com aroma de

PERDÃO

O salmo 32 exala o aroma do perdão, trazendo alívio e renovação à alma. Davi celebra a bem-aventurança de ser perdoado por Deus, experimentando a libertação do peso do pecado. Este perfume de perdão nos lembra da misericórdia divina e da alegria que vem ao confessarmos nossas faltas ao Senhor. Ao sermos perdoados, nossa vida é transformada e somos renovados em nosso relacionamento com Ele. Que nossa vida exale o aroma do perdão, mostrando a todos a graça redentora de Deus e a liberdade encontrada em seu amor, inspirando outros a buscarem o perdão divino.

33 REGOZIJAI-VOS no SENHOR, ó vós,
retos, *pois* o louvor convém aos
corretos.

²Louvai o SENHOR com harpa; cantai-
-lhe com saltério *e* com instrumento de
dez cordas.
³Cantai-lhe novo cântico; tocai com
destreza e grande alarido.
⁴Pois a palavra do SENHOR *é* fidedig-
na, e todas as suas obras *são realizadas*
com verdade.
⁵Ele ama a retidão e a justiça; a terra
está cheia da bondade do SENHOR.
⁶Pela palavra do SENHOR foram feitos
os céus, e todo o seu exército pelo sopro
de sua boca.
⁷Ele ajunta as águas do mar como
um montão; guarda os abismos em
reservatórios.
⁸Toda a terra tema o SENHOR; fiquem
atônitos com ele todos os habitantes do
mundo.
⁹Pois falou, e *tudo* se fez; deu ordens, e
tudo se firmou
¹⁰O SENHOR desfaz o conselho dos
pagãos; anula o efeito das tramas
dos povos.
¹¹O conselho do SENHOR perdura para
sempre; os pensamentos de seu coração,
por todas as gerações.
¹²Bem-aventurada *é* a nação cujo Deus
é o SENHOR, *e* o povo *que* escolheu para
sua herança.
¹³O SENHOR olha desde o céu; contem-
pla todos os filhos dos homens.
¹⁴Do lugar de sua habitação, divisa
todos os habitantes da terra.
¹⁵Molda o coração deles da mesma for-
ma; considera todas as obras deles.
¹⁶Não há rei que se salve pela multidão
de *seu* exército; o poderoso não é liberto
pela muita força.
¹⁷O cavalo *é* inútil para *dar* seguran-
ça; tampouco a *ninguém* livrará por sua
grande força.

Bem-aventurada é a nação
cujo Deus é o SENHOR,
e o povo que escolheu
para sua herança.
Salmos 33:12

18Eis que os olhos do SENHOR *estão*
sobre os que o temem, sobre os
que depositam a esperança em sua
misericórdia,
19para que lhes livre a alma da mor-
te e os conserve vivos em meio à fome.
20Nossa alma espera no SENHOR; ele *é*
nosso auxílio e nosso escudo.
21Pois nosso coração se regozijará
nele, porquanto confiamos em seu san-
to nome.
22Seja sobre nós tua misericórdia, ó
SENHOR, conforme depositamos a espe-
rança em ti.

Salmo com aroma de

LOUVOR

O salmo 33 exala o aroma do louvor, uma fragrância que eleva nossos corações ao contemplar a grandeza e a fidelidade de Deus. Este cântico celebra sua majestade, suas obras maravilhosas e sua justiça eterna. O perfume do seu louvor renova nosso espírito, enchendo-nos de gratidão e reverência. Ao reconhecermos a soberania de Deus sobre toda a criação, nossa vida é transformada e exalamos o aroma da adoração. Que nosso louvor seja constante e sincero, refletindo sua glória em tudo o que fazemos, proclamando sua grandeza e inspirando outros a adorarem o Senhor.

Salmo de Davi quando mudou seu procedimento diante de Abimeleque e retirou-se quando ele o expulsou.

34 BENDIREI o SENHOR em todo o
tempo; seu louvor *permanecerá*
continuamente em meus lábios.
2Minha alma se gloriará no SENHOR;
os humildes *o* ouvirão e se alegrarão.
3Ó engrandecei o SENHOR comigo, e
juntos exaltemos seu nome.
4Busquei o SENHOR, e ele me atendeu,
e livrou-me de todos meus temores.
5Para ele olharam e foram ilumina-
dos; e seus rostos não ficaram enver-
gonhados.
6Este pobre homem clamou, e o
SENHOR *o* atendeu, e salvou-o de todas
as suas tribulações.
7O anjo do SENHOR acampa-se ao redor
dos que o temem e livra-os.
8Ó provai e vede que o SENHOR *é* bom;
bem-aventurado *é* o homem *que* confia
nele.
9Ó temei o SENHOR, vós, seus san-
tos, pois não *têm* falta alguma os que
o temem.
10Os leõezinhos passam necessida-
de e sentem fome, mas os que buscam
o SENHOR não terão falta de nada de
bom.
11Vinde, filhos, ouvi-me; ensinar-vos-
-ei o temor do SENHOR.
12Qual *é* o homem *que* deseja a vida *e*
ama *ter muitos dias* para poder contem-
plar o bem?
13Guarda a língua do mal, e teus lábios
de proferirem engano.
14Afasta-te do mal e pratica o bem;
procura a paz e segue em seu encalço.
15Os olhos do SENHOR *estão* sobre os
retos, e seus ouvidos *estão atentos* a
seu clamor.

[16]O rosto do SENHOR *se volta* contra
os que praticam o mal, para extirpar da
terra a lembrança acerca deles.
[17]*Os retos* clamam, e o SENHOR atende,
e os livra de todas as suas tribulações.
[18]O SENHOR se aproxima dos de cora-
ção quebrantado; e salva os de espírito
contrito.
[19]Muitas *são* as aflições dos retos, mas
o SENHOR os livra de todas elas.
[20]Ele preserva todos os seus ossos;
nem um só deles se quebra.
[21]O mal matará os ímpios; e os que
odeiam os retos serão assolados.
[22]O SENHOR redime a alma de seus
servos; e nenhum dos que nele confiam
será assolado.

Salmo com aroma de

LOUVOR

O salmo 34 exala o aroma do louvor contínuo, mesmo em tempos de adversidade. Davi convida-nos a exaltar ao Senhor em todas as circunstâncias, reconhecendo sua bondade e proteção. Este perfume de louvor é uma expressão de fé e gratidão, que transcende as dificuldades. Ao buscarmos a face de Deus e confiarmos nele, nossa vida é preenchida com paz e alegria. Que nosso louvor exale o aroma da esperança e da confiança, inspirando outros a reconhecerem a fidelidade e o amor infalível do Senhor, e a louvarem-no em todos os momentos.

Os retos clamam, e o SENHOR atende, e os livra de todas as suas tribulações.

Salmos 34:17

Salmo de Davi.

35 DEFENDE *minha causa*, ó SENHOR,
diante dos que me acusam; peleja
contra os que pelejam contra mim.
2 Apanha o escudo e o broquel, e posiciona-te em meu auxílio.
3 Empunha também a lança e obstrui
o caminho contra os que me perseguem;
dize a minha alma: "*Sou* tua salvação".
4 Sejam confundidos e envergonhados
os que me perseguem a alma; batam em
retirada e experimentem confusão os
que me planejam ferir.
5 Sejam como palha ao vento; e siga o
anjo do SENHOR no encalço *deles*.
6 Seja o caminho deles tenebroso e
escorregadio; e persiga-os o anjo do
SENHOR.
7 Pois sem motivo me ocultaram sua
rede *em* uma cova, *a qual* sem motivo
abriram para minha alma.
8 Sobrevenha-lhes a destruição *estando*
eles despercebidos; e apanhe-os a rede
que esconderam; caiam nessa mesma
destruição.
9 E minha alma se alegrará no SENHOR;
regozijar-se-á em sua salvação.
10 Todos os meus ossos dirão: "SENHOR,
quem *é* como tu, que livras o pobre do
que é mais forte que ele? Sim, o pobre e
o necessitado de quem o espolia?".
11 Falsas testemunhas se levantaram;
acusaram-me de *coisas* de que eu não
tinha conhecimento.
12 Pagaram-me o bem com o mal, espoliando-me a alma.
13 Mas, quanto a mim, quando estiveram enfermos, minhas vestes *foram*
pano de saco; humilhei a alma com jejum;
e minha oração voltava a meu seio.
14 Portei-me como se *fora* meu amigo
ou irmão; prostrei-me pesaroso, como
quem pranteia a mãe.
15 Mas se regozijaram em minha adversidade, e uniram-se, *sim*, os abjetos uniram-se contra mim, e eu não *o* sabia;
rasgaram-*me*, e não cessavam.
16 Com zombadores hipócritas, em festas, rangiam os dentes contra mim.
17 Senhor, até quando ficarás olhando?
Resgata minha alma de suas destruições;
dos leões, minha amada.
18 Render-te-ei graças na grande congregação; louvar-te-ei entre muitos
povos.
19 Não se regozijem meus inimigos maldosamente à minha custa, *nem* pisquem
os olhos os que me odeiam sem causa.
20 Pois não falam de paz, mas tramam
enganos contra *os que estão* sossegados
na terra.
21 Sim, escancararam a boca contra
mim *e* disseram: "Ah, ah, nossos olhos
o viram".
22 A isso viste, ó SENHOR; não te cales;
ó Senhor, não te afastes de mim.
23 Move-te e desperta em prol de minha
justiça, *a saber*, em favor de minha causa, meu Deus e Senhor meu.
24 Julga-me, ó SENHOR, meu Deus, de
acordo com tua retidão; e não se regozijem à minha custa.
25 Não digam eles no coração: "Ah,
oxalá o tivéssemos", nem digam: "Nós
o devoramos".
26 Sejam à uma envergonhados e confundidos os que se regozijam diante de
meus males; vistam-se de vergonha e de
desonra os que se enaltecem contra mim.
27 Bradem de alegria e alegrem-se
os que apoiam minha reta causa; sim,
digam continuamente: "Seja engrandecido o SENHOR, que se apraz na prosperidade de seu servo".
28 E minha língua falará de tua retidão
e de teu louvor o dia inteiro.

Salmo com aroma de

JUSTIÇA

O salmo 35 exala o aroma da justiça divina, um perfume que clama por retidão em meio à injustiça e perseguição. Davi busca a intervenção do Senhor contra seus inimigos, confiando na sua justiça. Este aroma nos lembra que Ele vê e julga com equidade, defendendo os justos e punindo os ímpios. Ao entregarmos nossas causas a Deus, exalamos o aroma da confiança em sua justiça perfeita. Que nossa vida reflita a integridade e a fé, sabendo que Ele é nosso justo juiz, que defende a causa dos justos e traz retidão à terra.

Ao músico-chefe. Salmo de Davi, servo do SENHOR.

36 A TRANSGRESSÃO do perverso
comunica a meu coração *que* não
há temor de Deus diante de seus olhos.
2Pois se lisonjeia a seus olhos até que
sua iniquidade se mostre odiosa.
3As palavras de sua boca *são* iniqui-
dade e engano; deixou de ser sábio *e* de
fazer o bem.
4*Já* na cama planeja o mal; põe-se em
caminho *que* não *é* bom; não abomina
o mal.
5Tua misericórdia, ó SENHOR, *está* nos
céus; *e* tua fidelidade *alcança* as nuvens.
6Tua retidão *é* como os grandes mon-
tes; teus juízos *são* um grande abismo; ó
SENHOR, preservas o homem e o animal.

Tua misericórdia, ó SENHOR, está nos céus; e tua fidelidade alcança as nuvens.
Salmos 36:5

7 Quão excelente é teu amor fiel, ó Deus! Por isso os filhos dos homens depositam a confiança à sombra de tuas asas.

8 Saciar-se-ão da gordura de tua casa; e os fará beber do rio de teus prazeres.

9 Pois contigo *está* a fonte da vida; em tua luz veremos a luz.

10 Ó conserva teu amor leal para com os que te conhecem, e tua retidão para com os retos de coração.

11 Não venha contra mim o pé da soberba, e não me abale a mão do ímpio.

12 Ali estão caídos os que praticam a iniquidade; são lançados ao chão, e não se poderão erguer.

Salmo com aroma de

AMOR

O salmo 36 exala o aroma do amor infalível de Deus, um perfume que transcende todas as nossas circunstâncias. Davi descreve a fidelidade e a justiça do Senhor, que são como um refúgio seguro para todos os que o buscam. Este perfume de amor nos lembra da imensidão da graça divina e da sua proteção constante. Ao experimentarmos o amor divino, nossa vida é transformada e renovada. Que exalemos o aroma desse amor incondicional, refletindo a bondade e a misericórdia do Senhor em todas as nossas relações, inspirando outros a conhecerem e a experimentarem esse amor transformador.

Salmo de Davi.

37 NÃO TE aflijas por causa dos malfeitores, nem tenhas inveja dos que praticam a iniquidade.

2 Pois logo serão arrancados como a relva e murcharão como a erva verde.

3 Confia no SENHOR e faze o bem; *então* habitarás na terra e verdadeiramente serás alimentado.

4 Deleita-te também no SENHOR, e ele te concederá os desejos de teu coração.

5 Entrega teu caminho ao SENHOR; também confia nele, e ele *o* fará acontecer.

6 Ele porá tua retidão em evidência como a luz, e teu juízo como o meio-dia.

7 Descansa no SENHOR e espera pacientemente nele; não te aflijas por causa do que prospera em seu caminho, por causa do homem que executa planos ímpios.

8 Cessa a ira e abandona a indignação; não te aflijas de modo algum para praticar o mal.

9 Pois os malfeitores serão extirpados, mas os que esperam no SENHOR herdarão a terra.

10 Pois ainda um pouco, e os ímpios já não *existirão*; sim, buscarás com diligência seu lugar, e não mais *se achará*.

11 Mas os mansos herdarão a terra, e se deleitarão em abundância de paz.

12 O ímpio trama contra o justo, e range os dentes contra ele.

13 O Senhor se rirá dele, pois vê que se aproxima seu dia.

14 O ímpio desembainhou a espada e retesou o arco, para derrubar o pobre e o necessitado, *e* para matar os de conduta correta.

15 A espada deles atravessará o próprio coração, e seus arcos se quebrarão.

16 O pouco que tem o reto *é* melhor que as riquezas de muitos ímpios.

17 Pois os braços do ímpio se quebra-
rão, mas o SENHOR sustém o reto.
18 O SENHOR conhece os dias dos cor-
retos, e sua herança será para sempre.
19 Não serão envergonhados no dia
mau, e nos dias de fome serão saciados.
20 Mas os ímpios perecerão, e os inimi-
gos do SENHOR *serão como* a gordura dos
cordeiros; *serão* consumidos; na fumaça,
dissipar-se-ão.
21 O ímpio toma emprestado e não
devolve, mas o reto estende misericór-
dia e doa.
22 Pois *os que* por ele *forem* abençoados
herdarão a terra; e *os que* por ele *forem*
amaldiçoados serão extirpados.
23 Os passos do homem *bom* são orde-
nados pelo SENHOR, e ele deleita-se em
seu caminho.
24 Ainda que caia, não ficará de todo
prostrado, pois o SENHOR *o* sustém *com*
sua mão.
25 Fui jovem e *agora* sou velho, mas
nunca vi o reto desamparado, nem sua
semente a mendigar o pão.
26 *Ele é* sempre misericordioso, e
empresta; e sua semente *é* abençoada.
27 Afasta-te do mal e faze o bem; e terás
habitação para sempre.
28 Pois o SENHOR ama a justiça e não
abandona seus santos; são para sempre
preservados; mas a semente do ímpio
será desarraigada.
29 Os retos herdarão a terra e nela habi-
tarão para sempre.
30 A boca do reto profere sabedoria, e
sua língua fala de justiça.
31 A lei de seu Deus *está* em seu cora-
ção; nenhum de seus passos deslizará.
32 O ímpio observa o reto, e busca
matá-lo.
33 O SENHOR não o deixará em sua mão,
nem o condenará quando for julgado.

Os passos do homem
bom são ordenados pelo
SENHOR, e ele deleita-se
em seu caminho.
Salmos 37:23

³⁴Espera no SENHOR e guarda seu
caminho, e te exaltará para herdares a
terra; quando o ímpio for extirpado, tu
o verás.
³⁵Vi o ímpio com grande poder, e a se
espalhar como o loureiro verde.
³⁶Mas passou, e eis que *já* não *era*; sim,
busquei-o, mas não se podia achar.
³⁷Observa o *homem* perfeito e contem-
pla o correto, pois o fim *desse* homem
é a paz.
³⁸Mas os transgressores serão des-
truídos à uma; o fim dos ímpios será
eliminado.
³⁹Mas a salvação dos retos *é* do
SENHOR; ele *é* sua força em tempos de
tribulação.
⁴⁰E o SENHOR os socorrerá e os livra-
rá; ele os livrará dos ímpios e os salvará,
porque nele confiam.

Salmo com aroma de

PACIÊNCIA

O salmo 37 exala o aroma da paciência, em que somos convidados a confiar e a esperar no Senhor. Davi nos encoraja a não nos inquietarmos com a prosperidade dos ímpios, mas a deleitar-nos no Senhor e a confiar em seu tempo perfeito. Este perfume de paciência nos fortalece, lembrando-nos que Ele está no controle e que suas promessas são verdadeiras. Ao cultivarmos a paciência, nossa vida exala o aroma da fé e da esperança, demonstrando nossa confiança na fidelidade de Deus, mesmo em meio às provações. Que nossa paciência inspire outros a esperarem no Senhor com confiança e serenidade.

Salmo de Davi, para trazer à lembrança.

38 Ó SENHOR, não me repreendas no
teu furor, nem me castigues no
teu descontentamento.
²Pois as tuas flechas se cravaram em
mim, e a tua mão me oprimiu fortemente.
³Não *há* sanidade na minha carne por
causa da tua ira; nem *há nenhum* des-
canso em meus ossos por causa do meu
pecado.
⁴Pois as minhas iniquidades já me
ultrapassaram a cabeça; são um fardo
pesado demais para mim.
⁵Minhas feridas cheiram mal *e* estão
corrompidas por causa da minha
insensatez.
⁶Estou atribulado, estou muito abati-
do; ando de luto o dia todo.
⁷Porque os meus lombos estão cheios
de uma *doença* repugnante, e não *há*
saúde na minha carne.
⁸Estou fraco e muito quebrantado,
tenho rugido por causa da inquietação
do meu coração.
⁹SENHOR, todo o meu desejo *está* dian-
te de ti, e o meu gemido não te é oculto.
¹⁰O meu coração palpita, faltam-me
as forças; quanto à luz dos meus olhos,
também ela se foi.
¹¹Os que me amam e os meus amigos
afastam-se da minha chaga; e meus
parentes estão de longe.
¹²Também os que procuram a minha
vida armam ciladas *para mim*; e os
que procuram o meu mal falam coisas

perniciosas e imaginam enganos o
dia inteiro.
13Mas eu, como *surdo*, não ouvia; e *eu*
era como um mudo *que* não abre a boca.
14Assim, eu era como um homem
que não ouve e em cuja boca não *há*
repreensão.
15Pois em ti, ó SENHOR, espero; tu ouvi-
rás, ó SENHOR meu Deus.
16Pois eu disse: "*Ouve-me*, porque
de outro modo eles regozijarão sobre
mim; quando meu pé escorrega, eles *se*
engrandecem contra mim".
17Pois *estou* prestes a coxear, e a minha
dor *está* continuamente diante de mim.
18Pois declararei a minha iniquidade,
eu me arrependerei do meu pecado.
19Mas os meus inimigos *são* vivos *e* for-
tes; e os que me odeiam injustamente se
multiplicam.
20Também os que pagam o mal pelo
bem são meus adversários; porque eu
sigo *o que é* bom.
21Não me desampares, ó SENHOR; ó
Deus meu, não fiques longe de mim.
22Apressa-te em ajudar-me, ó SENHOR,
minha salvação.

Salmo com aroma de

ARREPENDIMENTO

O salmo 38 exala o aroma do arrependimento sincero, em que Davi clama a Deus em meio ao sofrimento e à aflição. Reconhecendo seus pecados e buscando a misericórdia divina, ele encontra alívio e renovação. Este perfume de arrependimento nos lembra da importância de

Pois em ti, ó SENHOR, espero; tu ouvirás, ó SENHOR meu Deus.

Salmos 38:15

confessarmos nossas falhas e nos voltarmos para Deus com um coração contrito. Ao experimentarmos o perdão e a restauração do Senhor, nossa vida é transformada. Que exalemos o aroma da humildade e do arrependimento, demonstrando nossa dependência na graça redentora de Deus, e inspirando outros a buscarem a misericórdia divina.

Ao músico-chefe, a saber, para Jedutum, salmo de Davi.

39 EU disse: Guardarei os meus caminhos, para não pecar com a minha língua; porei freio à minha boca, enquanto o ímpio estiver diante de mim.

2 Fiquei mudo de silêncio, calei-me, *a saber*, do bem; e minha tristeza foi despertada.

3 Meu coração ardia dentro de mim, enquanto eu meditava, o fogo queimava; *então* falei com minha língua:

4 SENHOR, faze-me conhecer o fim da minha vida, e o número dos meus dias, o que eles *são*; para *que* eu saiba quão frágil *sou*.

5 Eis que fizeste os meus dias *como* a largura de uma mão, e minha idade *é* como nada diante de ti; em verdade, todo homem em seu melhor estado *é* totalmente vaidade. SELÁ.

6 Certamente todo homem anda em vão, certamente eles estão preocupados em vão, ele acumula *riquezas* e não sabe para quem as ajuntará.

7 E agora, SENHOR, o que espero eu? Minha esperança *está* em ti.

8 Livra-me de todas as minhas transgressões, não me faças o opróbrio dos insensatos.

9 Fiquei mudo, não abri a minha boca; porque tu assim *o* fizeste.

10 Afasta para longe de mim o teu açoite, estou consumido pelo golpe da tua mão.

11 Quando com repreensões castigas o homem pela iniquidade, fazes que a sua formosura se desfaça como a traça; certamente todo homem *é* vaidade. SELÁ.

12 Ouve a minha oração, ó SENHOR, e dá ouvidos ao meu clamor; não te cales por causa das minhas lágrimas, porque *sou* estrangeiro para contigo *e* peregrino como todos os meus pais *foram*.

13 Ó, poupa-me, para que eu recupere as forças, antes que eu vá embora e não exista mais.

Salmo com aroma de

REFLEXÃO

O salmo 39 exala o aroma da reflexão sobre a brevidade e a fragilidade da vida. Davi pondera sobre a transitoriedade da nossa existência e a importância de vivermos com propósito e sabedoria. Este perfume de reflexão nos leva a considerar a transitoriedade da nossa existência e a importância de vivermos com propósito e sabedoria. Ao meditarmos sobre a nossa vida à luz da eternidade, somos levados a buscar a vontade de Deus e a confiar na sua soberania. Que nossa vida exale o aroma da introspecção e da humildade, refletindo uma caminhada alinhada com os desígnios divinos e a busca por um relacionamento mais profundo com o Senhor.

Ao músico-chefe, salmo de Davi.

40 ESPEREI pacientemente pelo
SENHOR; e ele se inclinou para
mim e ouviu meu clamor.
2Tirou-me também de um poço hor-
rível, de um lamaçal, colocou meus pés
sobre uma rocha *e* estabeleceu meus
passos.
3E pôs um novo cântico na minha boca,
a saber, um louvor ao nosso Deus; mui-
tos *o* verão, e temerão, e confiarão no
SENHOR.
4Bem-aventurado *é* o homem que põe
no SENHOR a sua confiança, e não respei-
ta os soberbos, nem os que se desviam
para a mentira.
5Muitas, ó SENHOR meu Deus, *são* as
tuas maravilhas *que* tens feito, e os teus
pensamentos *que são* para nós, eles não
podem ser contados em ordem para ti; *se*
eu *os* declarasse e falasse, eles são mais
do que podem ser enumerados.
6Sacrifício e oferta não quiseste, abris-
te-me os ouvidos; holocausto e oferta
pelo pecado não requereste.
7Então disse eu: "Eis-me aqui, no rolo
do livro *está* escrito a meu respeito.
8Deleito-me em fazer a tua vontade, ó
Deus meu; sim, a tua lei *está* dentro do
meu coração".
9Preguei a justiça na grande congre-
gação; eis que não retive os meus lábios,
ó SENHOR, tu o sabes.
10Não escondi a tua justiça den-
tro do meu coração; eu declarei a tua

Deleito-me em fazer a tua vontade, ó Deus meu; sim, a tua lei *está* dentro do meu coração".

Salmos 40:8

fidelidade e a tua salvação, não escon-
di a tua benignidade e a tua verdade da
grande congregação.
11 Não retires de mim as tuas mise-
ricórdias, ó Senhor; que a tua benig-
nidade e a tua verdade me preservem
continuamente.
12 Pois inumeráveis males me cer-
cam, são mais do que os cabelos da
minha cabeça; por isso desfalece o meu
coração.
13 Digna-te, ó Senhor, em livrar-me; ó
Senhor, apressa-te em ajudar-me.
14 Sejam envergonhados e confundidos
os que buscam a minha alma para des-
truí-la; que sejam rechaçados e envergo-
nhados os que me desejam o mal.
15 Sejam desolados por causa da sua
vergonha os que me dizem: Ah! Ah!
16 Alegrem-se e sejam felizes em ti
todos os que te buscam; digam conti-
nuamente os que amam a tua salvação:
"Magnificado seja o Senhor".
17 Mas eu *sou* pobre e necessitado; *con-
tudo*, o Senhor pensa em mim, tu *és* a
minha ajuda e o meu libertador; não te
demores, ó meu Deus.

Salmo com aroma de **SALVAÇÃO**

O salmo 40 exala o aroma da salvação e do livramento divino. Davi celebra a fidelidade de Deus, que o tirou de um poço de perdição e colocou seus pés sobre uma rocha firme. Este perfume de salvação nos lembra da misericórdia e do poder de Deus para nos resgatar e renovar. Ao compartilharmos nossas experiências de salvação, exalamos o aroma da gratidão e da esperança. Que nossa vida seja um testemunho constante do amor redentor de Deus, inspirando outros a buscar a salvação e a transformação que só Ele pode oferecer.

Ao músico-chefe, salmo de Davi.

41 BEM-AVENTURADO *é* aquele
que atende ao pobre; o Senhor
o livrará na hora da angústia.
2 O Senhor o preservará, e o conser-
vará em vida, *e* ele será abençoado na
terra; e tu não o entregarás à vontade
de seus inimigos.
3 O Senhor o fortalecerá no leito da
enfermidade, tu farás com que se res-
taure no leito da sua doença.
4 Eu disse: Senhor, tem misericór-
dia de mim, cura a minha alma; porque
pequei contra ti.
5 Os meus inimigos falam mal de mim:
"Quando morrerá ele, e perecerá o seu
nome?".
6 E, se alguém vem ver-*me*, fala vaida-
de; o seu coração ajunta para si a ini-
quidade; *quando* ele vai para fora, ele
fala *disso*.
7 Todos os que me odeiam sussurram
juntos contra mim, contra mim tramam
o meu mal.
8 Uma doença maligna, *eles dizem*, se
apegou a ele; e *agora* que ele está deita-
do, não se levantará mais.
9 Sim, meu próprio amigo íntimo,
em quem eu confiava, e que comia do
meu pão, levantou contra mim o *seu*
calcanhar.

10Mas tu, ó SENHOR, tem misericórdia
de mim e levanta-me, para que eu lhes
retribua.
11Nisto sei que me favoreces, porque
o meu inimigo não triunfa sobre mim.
12E quanto a mim, tu me sustentas na
minha integridade, e me colocas diante
da tua face para sempre.
13Bendito *seja* o SENHOR Deus de Israel
de eternidade a eternidade. Amém e
amém.

Salmo com aroma de

CURA

O salmo 41 exala o aroma da cura divina, no qual Davi confia na misericórdia de Deus em meio à doença e à aflição. Este perfume de cura nos lembra que Deus é o grande Médico, capaz de restaurar tanto o corpo quanto a alma. Ao clamarmos por sua intervenção e confiarmos em sua bondade, encontramos alívio e renovação. Que nossa vida exale o aroma da fé na cura divina, testemunhando a graça e o poder de Deus em nossas experiências de restauração e saúde, inspirando outros a confiarem na misericórdia e no amor curador do Senhor.

Bendito *seja* o SENHOR Deus de Israel de eternidade a eternidade. Amém e amém.

Salmos 41:13

SEGUNDO LIVRO

Salmos 42 a 72

INTRODUÇÃO AOS SALMOS 42–72

O aroma da esperança e da redenção

OS SALMOS 42 A 72 formam a segunda divisão tradicional do Livro de salmos, oferecendo uma rica tapeçaria de temas que incluem esperança, redenção, lamento e celebração da justiça divina. Este bloco exala um aroma predominante de esperança e redenção, que permeia as orações e cânticos destes capítulos, refletindo a profunda confiança na intervenção e no consolo de Deus.

Os salmos 42 e 43 abrem esta seção com um lamento profundo, mas cheio de esperança. O salmista expressa a angústia de estar distante do templo de Deus, clamando pela presença divina com uma sede intensa. Este aroma de anseio espiritual marca o tom de muitos salmos desta coleção, em que a esperança na restauração e na proximidade com Deus é uma constante.

A esperança em tempos de adversidade é um tema recorrente, especialmente nos salmos de Davi, que compõem grande parte deste bloco. O salmista frequentemente expressa sua confiança na redenção e na salvação divina, mesmo quando cercado por inimigos e desafios. Este aroma de esperança é um encorajamento para os fiéis a confiarem na fidelidade de Deus, mesmo nos momentos mais sombrios.

A redenção é outro aroma marcante nesta seção. O salmo 51 é um exemplo claro, em que Davi, em profundo arrependimento, clama por misericórdia e purificação após seu pecado com Bate-Seba. Este salmo poderoso exemplifica a esperança na redenção divina e na renovação do espírito, reforçando a confiança na graça transformadora de Deus.

A celebração da justiça divina também é um tema central. Salmos como o 45 e o 72 exalam o aroma de um reinado justo e próspero, nos quais a justiça de Deus é exaltada e o Rei messiânico é celebrado. Estes salmos não apenas louvam a justiça divina, mas também antecipam um futuro de paz e equidade sob o governo divino.

Os salmos de lamentação, como o 44 e o 60, apresentam um lamento coletivo por derrotas e desastres, mas sempre com uma nota de esperança na intervenção divina. Este aroma de lamento e esperança entrelaçados reforça a confiança de que, mesmo em meio à dor e à incerteza, Deus ouve e responderá aos clamores do seu povo.

O louvor e a gratidão também são temas importantes nesta coleção. Salmos como o 65 e o 66 celebram a criação e as maravilhas das obras de Deus, exalando um aroma de louvor e adoração. A gratidão pelas bênçãos recebidas e a celebração da generosidade divina são elementos que fortalecem a esperança e a confiança dos fiéis.

Em suma, os salmos 42 a 72 oferecem uma visão abrangente da vida espiritual, em que a esperança e a redenção são aromas predominantes que inspiram e fortalecem a fé. Esta segunda divisão do Livro de Salmos convida os leitores a confiar na intervenção divina, a celebrar a justiça e a encontrar conforto na presença de Deus. Cada salmo contribui para um mosaico espiritual que reflete a complexidade da experiência humana diante do divino, infundindo esperança e renovação na jornada de fé.

SEGUNDO LIVRO
(Salmos 42 a 72)

Ao músico-chefe, Masquil,
para os filhos de Corá.

42 ASSIM como o cervo suspira pelas
correntes das águas, assim suspi-
ra a minha alma por ti, ó Deus.
2A minha alma tem sede de Deus, do
Deus vivo; quando irei e me apresenta-
rei diante de Deus?
3As minhas lágrimas têm sido o meu
alimento dia e noite, enquanto con-
tinuamente me dizem: "Onde *está* o
teu Deus?".
4Quando me lembro destas *coisas*,
derramo em mim a minha alma; por-
que tinha ido com a multidão, fui com
eles à casa de Deus, com voz de alegria e
louvor, com uma multidão que festejava.
5Por que estás abatida, ó minha alma?
E *por que* te inquietas comigo? Espera
em Deus, porque ainda o louvarei *pela*
ajuda do seu semblante.
6Deus meu, a minha alma está abatida
dentro de mim; por isso me lembrarei de
ti desde a terra do Jordão, e dos hermo-
nitas, desde o monte Mizar.
7Um abismo chama outro abismo ao
barulho das tuas tempestades; todas as
tuas ondas e as tuas vagas têm passado
sobre mim.
8*Contudo*, o SENHOR ordenará sua
benignidade durante o dia e à noite sua
canção *estará* comigo *e* minha oração ao
Deus da minha vida.
9Direi a Deus, minha rocha: Por que
me esqueceste? Por que ando lamentan-
do por causa da opressão do inimigo?
10Assim *como* com uma espada em
meus ossos, meus inimigos me afrontam;
enquanto eles me dizem diariamente:
"Onde *está* o teu Deus?".
11Por que estás abatida, ó minha alma?
E por que estás inquieta dentro de mim?
Espera em Deus, porque ainda o lou-
varei, *que é* a saúde do meu rosto e o
meu Deus.

Salmo com aroma de

ANSEIO

O salmo 42 exala o aroma do anseio profundo pela presença divina. Assim como o cervo anseia por águas tranquilas, nossa alma clama por Deus, buscando consolo e renovação. Este aroma de anseio nos lembra da nossa necessidade constante de comunhão com o Senhor, especialmente em tempos de desespero e solidão. Ao derramarmos nossas almas diante dele, encontramos esperança e força. Que possamos sempre buscar e encontrar a presença refrescante de Deus em nossa vida, exalando o aroma do anseio por Ele.

43 JULGA-ME, ó Deus, e defende a
minha causa contra uma nação
ímpia; ó livra-me do homem enganoso
e injusto.
2Pois tu *és* o Deus da minha for-
ça; por que me rejeitas? Por que ando

lamentando por causa da opressão
do inimigo?
3 Envia a tua luz e a tua verdade, que
elas me guiem; levem-me ao teu santo
monte e aos teus tabernáculos.
4 Então irei ao altar de Deus, a Deus
minha grande alegria; sim, ao som da
harpa te louvarei, ó Deus, meu Deus.
5 Por que estás abatida, ó minha alma?
E por que estás inquieta dentro de mim?
Espera em Deus, porque ainda o louva-
rei, *que é* a salvação da minha face e o
meu Deus.

Salmo com aroma de

JUSTIÇA

O salmo 43 nos envolve com o aroma da justiça divina. Quando clamamos por justiça e defesa contra os inimigos, confiamos que Deus é nosso justo juiz. O salmista pede que Ele o guie com sua luz e verdade, trazendo-o ao lugar de adoração. Este aroma de justiça nos assegura que o Senhor ouvirá nosso clamor e nos guiará. Que nossa confiança na justiça de Deus nos fortaleça, trazendo paz e esperança em meio às adversidades, exalando o aroma da justiça divina.

Ao músico-chefe dos filhos de Corá, Masquil.

44 NÓS ouvimos com nossos ouvi-
dos, ó Deus, nossos pais nos con-
taram, *que* obra tu fizeste em seus dias,
nos tempos antigos.
2 *Como* expulsaste os gentios com a tua
mão, e os plantaste; *como* afligiste o povo
e o expulsaste.

Então irei ao altar de Deus, a Deus minha grande alegria; sim, ao som da harpa te louvarei, ó Deus, meu Deus.

Salmos 43:4

3 Porque eles não conquistaram a terra pela sua própria espada, nem o seu próprio braço os salvou, mas a tua destra, e o teu braço, e a luz do teu rosto, porque tu os favoreceste.

4 Tu és o meu Rei, ó Deus; envia livramento para Jacó.

5 Por ti abateremos os nossos inimigos, por teu nome pisaremos os que se levantarem contra nós.

6 Pois não confiarei no meu arco, nem a minha espada me salvará.

7 Mas tu nos salvaste dos nossos inimigos, e confundiste os que nos odiavam.

8 Em Deus nos gloriamos o dia todo, e louvamos o teu nome para sempre. SELÁ.

9 Mas tu nos rejeitaste e nos envergonhaste, e não saíste com nossos exércitos.

10 Tu nos fazes recuar do inimigo, e aqueles que nos odeiam nos despojam para si mesmos.

11 Entregaste-nos como ovelhas *destinadas* ao apascentamento, e nos dispersaste entre os pagãos.

12 Vendes o teu povo por nada, e não aumentas a *tua riqueza* com o seu preço.

13 Fazes de nós opróbrio para os nossos vizinhos, desdém e escárnio para os que estão ao nosso redor.

14 Fazes de nós um provérbio entre os gentios, um meneio de cabeça entre o povo.

15 A minha confusão *está* continuamente diante de mim, e a vergonha do meu rosto me cobre

16 Pela voz daquele que afronta e blasfema, por causa do inimigo e do vingador.

17 Tudo isso nos sobreveio; contudo não nos esquecemos de ti, nem procedemos com falsidade na tua aliança.

18 O nosso coração não voltou atrás, nem os nossos passos se desviaram do teu caminho.

19 Ainda que dolorosamente nos quebraste no lugar dos dragões, e nos cobriste com a sombra da morte.

20 Se nos esquecemos do nome do nosso Deus, ou estendemos as nossas mãos a um deus estranho,

21 não deve Deus investigar isso? Pois ele conhece os segredos do coração.

22 Sim, por tua causa somos mortos o dia todo; somos reputados como ovelhas para o matadouro.

23 Desperta, por que dormes, ó SENHOR? Levanta-te, não *nos* rejeites para sempre.

24 Por que escondes a tua face *e* te esqueces da nossa aflição e da nossa opressão?

25 Porque a nossa alma se abateu até ao pó, o nosso ventre se apegou à terra.

26 Levanta-te em nosso socorro, e resgata-nos por amor da tua misericórdia.

Salmo com aroma de

MEMÓRIA

O salmo 44 exala o aroma da memória das obras poderosas de Deus no passado. O salmista lembra das vitórias e intervenções divinas, renovando sua fé e esperança. Mesmo em meio à adversidade, ele clama por socorro, confiando na fidelidade divina. Este aroma de memória nos encoraja a confiar que Deus continuará a agir em nosso favor, mesmo quando enfrentamos dificuldades. Que a lembrança dos feitos de Deus inspire confiança e gratidão em nossos corações, exalando o aroma da memória de suas obras.

Para o músico-chefe em Sosanim,
para os filhos de Corá, Masquil,
cântico de amores.

45 O meu coração transborda de
boas palavras, falo das coisas que
tenho feito no tocante ao rei; minha lín-
gua *é* a pena de um escritor hábil.
2 Tu és mais formoso do que os filhos
dos homens, a graça se derramou em
teus lábios; por isso Deus te abençoou
para sempre.
3 Cinge tua espada sobre *tua* coxa,
ó *mais* poderoso, com tua glória e tua
majestade.
4 E em tua majestade cavalga vitorio-
samente por causa da verdade e mansi-
dão *e* retidão; e a tua destra te ensinará
proezas.
5 As tuas flechas *são* agudas no coração
dos inimigos do rei, *pelas quais* o povo
cai sob a tua mão.
6 O teu trono, ó Deus, *é* para todo o sem-
pre, o cetro do teu reino *é* um cetro justo.
7 Tu amas a justiça e odeias a impieda-
de; por isso Deus, o teu Deus, te ungiu
com óleo de alegria mais do que a teus
companheiros.
8 Todas as tuas vestes *cheiram* a mirra,
aloés *e* cássia, desde os palácios de mar-
fim com os quais te alegraram.
9 As filhas dos reis *estavam* entre as
tuas ilustres mulheres, à tua direita esta-
va a rainha ornada com ouro de Ofir.
10 Ouve, ó filha, e considera, e inclina
o teu ouvido; esquece-te também do teu
próprio povo e da casa de teu pai;

O teu trono, ó Deus, é para todo o sempre, o cetro do teu reino é um cetro justo.

Salmos 45:6

¹¹Assim o rei desejará muito a tua formosura, porque ele *é* o teu SENHOR; adora-o.
¹²E a filha de Tiro estará lá com um presente, *a saber*, os ricos do povo pedirão o teu favor.
¹³A filha do rei *é* toda gloriosa no interior do teu palácio, suas vestes *são* de ouro lavrado.
¹⁴Ela será trazida ao rei com trajes bordados; as virgens, suas companheiras que a seguem, serão trazidas à tua presença.
¹⁵Com alegria e regozijo serão conduzidas, entrarão no palácio do rei.
¹⁶Em lugar de teus pais serão teus filhos, a quem farás príncipes em toda a terra.
¹⁷Farei que o teu nome seja lembrado de geração em geração, por isso o povo te louvará para todo o sempre.

Salmo com aroma de

AMOR

O salmo 45 exala o aroma do amor majestoso e eterno. Descrevendo a beleza e a realeza do rei, somos lembrados do amor de Cristo pela Igreja. Este aroma de amor transcendente nos convida a celebrar e refletir o amor divino em nossa vida. Ao vivermos em comunhão com Deus, nossas ações devem exalar esse amor incondicional, inspirando outros a reconhecerem e experimentarem o amor transformador de Cristo. Que possamos exalar este amor em nossas relações, vivendo com gratidão e louvor ao nosso Rei eterno.

Ao músico-chefe dos filhos de Corá, cântico sobre Alamote.

46 DEUS *é* o nosso refúgio e fortaleza, socorro bem presente na angústia.
²Portanto não temeremos, ainda que a terra se transtorne, e ainda que os montes se abalem para o meio do mar;
³*ainda* que as suas águas rujam *e* se perturbem, *ainda* que os montes se abalem com a sua fúria. SELÁ.
⁴*Há* um rio cujas correntes alegrarão a cidade de Deus, o *lugar* santo dos tabernáculos do Altíssimo.
⁵Deus *está* no meio dela, ela não será abalada, Deus a ajudará, *e isso* bem cedo.
⁶Os pagãos se enfureceram, os reinos se moveram; ele proferiu a sua voz, a terra se derreteu.
⁷O SENHOR dos Exércitos *está* conosco, o Deus de Jacó *é* o nosso refúgio. SELÁ.
⁸Vinde, vede as obras do SENHOR, que desolações ele fez na terra.
⁹Ele faz cessar as guerras até a extremidade da terra, ele quebra o arco e corta a lança em pedaços, ele queima os carros no fogo.
¹⁰Aquietai-vos e sabei que eu *sou* Deus, serei exaltado entre as nações, serei exaltado na terra.
¹¹O SENHOR dos Exércitos *está* conosco; o Deus de Jacó *é* o nosso refúgio. SELÁ.

Salmo com aroma de

REFÚGIO

O salmo 46 nos envolve com o aroma do refúgio seguro em Deus. Em meio às tempestades e desastres, encontramos paz na presença do Senhor. O salmista declara que Deus é nosso refúgio e fortaleza, sempre presente em tempos de angústia. Este aroma de refúgio nos lembra que, mesmo nas situações mais difíceis, podemos confiar na proteção divina. Ao buscarmos abrigo em Deus, exalamos o aroma da confiança e da segurança. Que nossa confiança no refúgio divino traga serenidade e coragem em todas as situações.

Ao músico-chefe, salmo para os filhos de Coré.

47 BATEI palmas, vós, todos os
povos; aclamai a Deus com voz
de triunfo.
2 Porque o SENHOR Altíssimo *é* terrível,
ele é um grande Rei sobre toda a terra.
3 Ele sujeitará a nós os povos, e as
nações porá debaixo dos nossos pés.
4 Ele escolherá para nós a nossa heran-
ça, a excelência de Jacó, a quem ele amou.
SELÁ.
5 Deus subiu com alarido; o SENHOR, ao
som de trombeta.
6 Cantai louvores a Deus, cantai louvo-
res, cantai louvores ao nosso Rei, cantai
louvores.
7 Porque Deus *é* o Rei de toda a terra,
cantai louvores com entendimento.
8 Deus reina sobre os pagãos, Deus está
sentado no trono da sua santidade.
9 Os príncipes do povo estão reuni-
dos, a *saber,* o povo do Deus de Abraão;
porque os escudos da terra *pertencem* a
Deus, ele é grandemente exaltado.

Porque Deus é o
Rei de toda a terra,
cantai louvores com
entendimento.

Salmos 47:7

Salmo com aroma de

EXALTAÇÃO

O salmo 47 exala o aroma da exaltação e do louvor. Celebrando o reinado soberano de Deus, o salmista convoca todas as nações a louvarem-no com júbilo. Este aroma de exaltação nos lembra da grandeza e do poder divinos, inspirando-nos a viver em adoração contínua. Ao reconhecermos a soberania de Deus, nossa vida é transformada e renovada. Que nosso louvor exale a exaltação a Ele, refletindo sua glória e majestade em tudo o que fazemos, inspirando outros a adorarem-no.

Cântico e salmo para os filhos de Coré.

48 GRANDE *é* o SENHOR, e mui dig-
no de ser louvado na cidade do
nosso Deus, *no* monte da sua santidade.
2Alto e belo, a alegria de toda a terra, *é*
o monte Sião, *nos* lados do norte, a cida-
de do grande Rei.
3Deus é conhecido em seus palácios
como um refúgio.
4Pois eis que os reis estavam reunidos,
passaram juntos.
5Eles viram *isso e* ficaram maravi-
lhados, eles ficaram assombrados *e* se
apressaram em fugir.
6Ali se apoderou deles o temor, *e* as
dores, como as de uma mulher que está
de parto.
7Tu quebraste os navios de Társis com
um vento leste.
8Como ouvimos, assim vimos na cida-
de do SENHOR dos Exércitos, na cidade
do nosso Deus; Deus a estabelecerá para
sempre. SELÁ.
9Na tua benignidade pensamos, ó
Deus, no meio do teu templo.
10Conforme o teu nome, ó Deus, assim
é o teu louvor até aos confins da terra; a
tua destra está cheia de justiça.
11Alegre-se o monte Sião, regozijem-
-se as filhas de Judá por causa dos teus
juízos.
12Andai por Sião, e contornai-a; contai
as suas torres.
13Marcai bem os seus baluartes, consi-
derai os seus palácios, para que *os* pos-
sam contar à geração seguinte.
14Pois este Deus *é* o nosso Deus para
todo o sempre, ele será nosso guia *até*
a morte.

Salmo com aroma de

GRANDEZA

O salmo 48 exala o aroma da grandeza divina, manifestada em Sião, sua cidade santa. Este cântico celebra a segurança e a beleza de Jerusalém, refletindo a majestade divina. O salmista exalta a grandeza de Deus, que é conhecido em seus palácios como um refúgio seguro. Este aroma de grandeza nos chama a reconhecê-lo e adorá-lo, pois é grande e digno de todo louvor. Que nossa vida exale a reverência e a admiração pela grandeza do Senhor, inspirando outros a reconhecerem sua majestade.

Ao músico-chefe, salmo para
os filhos de Coré.

49 OUVI isto, todos *vós* povos; dai
ouvidos, todos *os* habitantes
do mundo;
2juntos, tanto baixos quanto altos,
ricos e pobres.
3A minha boca falará de sabedoria;
e a meditação do meu coração *será* de
entendimento.
4A uma parábola inclinarei o meu ouvi-
do, abrirei a minha parábola obscura ao
som da harpa.
5Por que temerei eu nos dias do mal,
quando me cercar a iniquidade de meus
calcanhares?
6Os que confiam na sua riqueza, e se
gloriam na multidão das suas riquezas;
7nenhum *deles* de modo algum pode
remir a seu irmão, nem dar a Deus o res-
gate dele;
8(pois a redenção de suas almas *é* pre-
ciosa e cessará para sempre)
9para que viva para sempre *e* não veja
a corrupção.
10Pois ele vê *que* os sábios morrem,
assim como o tolo e o bruto perecem, e
deixam sua riqueza para outros.
11Seu pensamento íntimo *é que* suas
casas *permanecerão* para sempre *e*
suas moradas por todas as gerações; eles
chamam *suas* terras de acordo com seus
próprios nomes.
12No entanto, o homem não *perma-
nece* na honra, ele é como os animais
que perecem.
13Este seu caminho *é* a sua loucura,
contudo a sua posteridade aprova as
suas palavras. SELÁ.
14Como ovelhas, eles são colocados na
sepultura, a morte se alimentará deles;
e os retos terão domínio sobre eles pela

A minha boca falará de sabedoria; e a meditação do meu coração será de entendimento.

Salmos 49:3

manhã, e sua beleza se consumirá na
sepultura de sua habitação.
15Mas Deus redimirá a minha alma do
poder da sepultura, porque ele me rece-
berá. SELÁ.
16Não temas quando alguém se enri-
quece, quando aumenta a glória da sua
casa;
17Porque, quando morrer, nada levará
consigo, a sua glória não descerá após
ele.
18Ainda que ele, enquanto vivo, aben-
çoou a sua alma; e os *homens* te louva-
rão, enquanto fazes o bem a ti mesmo.
19Ele irá para a geração de seus pais;
eles nunca verão a luz.
20O homem *que é* honrado e não tem
entendimento, é como os animais *que*
perecem.

Salmo com aroma de

SABEDORIA

O salmo 49 nos envolve com o aroma da sabedoria eterna. Este cântico nos lembra da futilidade das riquezas terrenas e da importância de buscar a verdadeira sabedoria em Deus. O salmista medita sobre a brevidade da vida e a inevitabilidade da morte, apontando para a redenção divina. Este aroma de sabedoria nos chama a refletir sobre o propósito da vida e a valorizar as coisas eternas. Que possamos exalar a sabedoria divina em nossas escolhas e ações diárias, vivendo com discernimento e propósito.

Salmo de Asafe.

50 O Deus poderoso, *a saber*, o
SENHOR, falou e chamou a terra
desde o nascente do sol até o poente.
2Desde Sião, a perfeição da beleza,
Deus resplandeceu.
3Virá o nosso Deus, e não se calará; um
fogo devorará diante dele, e será muito
tempestuoso ao redor dele.
4Do alto ele chamará os céus e a terra
para julgar o seu povo.
5Reuni meus santos para mim, aque-
les que fizeram uma aliança comigo por
sacrifício.
6E os céus anunciarão a sua justiça,
porque Deus *é* o próprio juiz. SELÁ.
7Ouvi, ó povo meu, e eu falarei; ó
Israel, e eu testemunharei contra ti: "Eu
sou Deus, *o* teu Deus".
8Não te repreenderei pelos teus sacri-
fícios ou holocaustos, *por terem estado*
continuamente diante de mim.
9Da tua casa não tirarei novilho *nem*
bode dos teus currais.
10Pois todo animal da floresta é meu,
e o gado sobre mil colinas.
11Conheço todas as aves dos montes, e
as feras do campo *são* minhas.
12Se eu tivesse fome, não to diria, por-
que meu *é* o mundo e a sua plenitude.
13Comerei carne de touros ou beberei
sangue de bodes?
14Oferece a Deus ações de graças, e
paga teus votos ao Altíssimo;
15E invoca-me no dia da angústia, eu
te livrarei, e tu me glorificarás.
16Mas ao ímpio Deus diz: "Que tens de
fazer para declarares os meus estatutos,
ou para *que* pudesses tomar o meu pac-
to na tua boca?
17Visto que odeias a instrução, e rejei-
tas as minhas palavras.

18Quando viste um ladrão, então te
consentiste com ele, e te tornaste par-
ticipante de adúlteros.
19Dás a tua boca ao mal, e a tua língua
trama o engano.
20Tu te sentas *e* falas contra teu irmão,
calunias o filho de tua própria mãe.
21Estas *coisas* tens feito, e eu me calei;
tu pensavas que eu era *igual* a ti, *mas* eu
te repreendo e *as* porei em ordem diante
dos teus olhos.
22Agora, considerai isto, vós que vos
esquecestes de Deus, para que eu não
vos rasgue em pedaços e não *haja* quem
vos livre.
23O que oferece louvores me glorifica;
e ao que ordena *bem* a *sua* conduta, eu
mostrarei a salvação de Deus.

Salmo com aroma de

VERDADE

O salmo 50 exala o aroma da verdade divina. Deus convoca seu povo a viver em integridade e sinceridade, destacando a importância do verdadeiro culto e da obediência. O salmista enfatiza que Ele não se agrada de sacrifícios vazios, mas de um coração sincero. Este aroma de verdade nos desafia a alinhar nossa vida com os princípios divinos, vivendo de acordo com a vontade de Deus. Que nossa devoção e obediência exalem a fragrância da verdade divina, refletindo a sinceridade e a integridade em tudo o que fazemos.

O que oferece louvores me glorifica; e ao que ordena *bem* a *sua* conduta, eu mostrarei a salvação de Deus.

Salmos 50:23

Ao músico-chefe, salmo de Davi, quando o profeta Natã veio a ele, depois que ele possuiu Bate-Seba.

51 TEM misericórdia de mim, ó Deus, segundo a tua benignidade; segundo a multidão das tuas misericórdias, apaga as minhas transgressões.

2 Lava-me completamente da minha iniquidade e purifica-me do meu pecado.

3 Pois eu reconheço as minhas transgressões, e o meu pecado *está* sempre diante de mim.

4 Contra ti, contra ti somente pequei, e fiz *este* mal aos teus olhos; para que sejas justificado quando falares, *e* limpo quando julgares.

5 Eis que em iniquidade fui formado, e em pecado me concebeu minha mãe.

6 Eis que amas a verdade no interior, e na *região* oculta me farás conhecer a sabedoria.

7 Purifica-me com hissopo, e ficarei puro; lava-me, e ficarei mais branco do que a neve.

8 Faze-me ouvir júbilo e alegria, para *que* se regozijem os ossos *que* quebraste.

9 Esconde o teu rosto dos meus pecados e apaga todas as minhas iniquidades.

10 Cria em mim um coração puro, ó Deus; e renova um espírito reto dentro de mim.

11 Não me lances fora da tua presença, e não retires de mim o teu espírito santo.

12 Restitui-me a alegria da tua salvação, e sustenta-me *com teu* espírito livre.

13 *Então* ensinarei aos transgressores os teus caminhos, e os pecadores se converterão a ti.

14 Livra-me dos crimes de sangue, ó Deus, Deus da minha salvação, *e* a minha língua exaltará a tua justiça.

15 Ó SENHOR, abre meus lábios, e a minha boca anunciará o teu louvor.

16 Porque não desejas sacrifícios, do contrário eu *os* daria; tu não te deleitas em holocausto.

17 Os sacrifícios para Deus *são* um espírito quebrantado; e um coração quebrantado e contrito, ó Deus, não desprezarás.

18 Faze o bem a Sião, segundo a tua boa vontade; edifica os muros de Jerusalém.

19 Então te agradarás dos sacrifícios de justiça, dos holocaustos e das ofertas queimadas; então se oferecerão novilhos sobre o teu altar.

Salmo com aroma de

ARREPENDIMENTO

O salmo 51 nos envolve com o aroma do arrependimento sincero. Davi clama por misericórdia, confessando seus pecados e buscando purificação. Ele reconhece sua transgressão e pede que Deus crie nele um coração puro. Este aroma de arrependimento nos lembra da graça divina redentora, que nos restaura e renova. Ao confessarmos nossos pecados, encontramos a misericórdia e o perdão do Senhor. Que possamos exalar um coração contrito e arrependido, encontrando renovação e paz na misericórdia divina, inspirando outros a buscarem o perdão de Deus.

Salmo de Davi, ao músico-chefe, Masquil, salmo de Davi, quando Doegue, o edomita, veio e o anunciou a Saul, dizendo-lhe: Davi veio à casa de Aimeleque.

52 POR QUE te vanglorias com maldades, ó homem poderoso? A bondade de Deus *dura* continuamente.

2 A tua língua trama o mal, como uma navalha afiada, que trabalha enganosamente.

3 Tu amas mais o mal do que o bem, *e* amas mentir em vez de falar justiça. SELÁ.

4 Tu amas todas as palavras devoradoras, ó *tu,* língua enganosa.

5 Deus também te destruirá para sempre, ele te levará, e te arrancará da *tua* morada, e te arrancará da terra dos viventes. SELÁ.

6 Os justos também verão, e temerão, e rirão dele.

7 Eis que *este é* o homem *que* não fez de Deus a sua força, mas confiou na abundância das suas riquezas, *e* se fortaleceu na sua maldade.

8 Mas eu *sou* como a oliveira verdejante na casa de Deus, confio na misericórdia de Deus para todo o sempre.

9 Louvar-te-ei para sempre, porque assim *o* fizeste, e esperarei no teu nome; porque *é* bom para os teus santos.

Salmo com aroma de

JUSTIÇA

O salmo 52 exala o aroma da justiça contra a maldade. Davi confia que Deus julgará os ímpios e defenderá os justos. Ele descreve

A bondade de Deus *dura* continuamente.

Salmos 52:1

a destruição dos que praticam o mal e a segurança daqueles que confiam no Senhor. Este aroma de justiça nos assegura que a maldade não prevalecerá e que Ele protegerá seus servos fiéis. Ao confiarmos na justiça divina, exalamos o aroma da esperança e da confiança. Que nossa vida reflita a justiça de Deus, inspirando outros a viverem de acordo com seus preceitos.

Ao músico-chefe em Maalate,
Masquil, salmo de Davi.

53 DISSE o tolo em seu coração que
Deus não *existe*. Corrompidos são
eles, e cometeram abominável iniquida-
de, não *há* quem faça o bem.
2 Deus olhou desde os céus para os
filhos dos homens, para ver se havia
algum que tivesse entendimento, que
buscasse a Deus.
3 Todos eles se desviaram; todos eles se
tornaram imundos, não *há* quem faça o
bem, não há nenhum sequer.
4 Não têm conhecimento os que prati-
cam a iniquidade? Os que devoram o meu
povo *como* comem pão; eles não invo-
cam a Deus.
5 Eles passaram a ter grande medo
onde não havia medo; porque Deus espa-
lhará os ossos daquele que se acampa
contra ti, tu *os* confundirás, porque Deus
os desprezou.
6 Ó, se a salvação de Israel *viesse* de
Sião! Quando Deus trouxer de volta o
cativeiro de seu povo, Jacó se alegrará
e Israel ficará feliz.

Salmo com aroma de

LOUCURA

O salmo 53 exala o aroma da loucura daqueles que negam a Deus. O salmista declara: "Diz o tolo em seu coração: Não há Deus." A tolice da incredulidade é contrastada com a sabedoria da fé. Este aroma de loucura nos adverte sobre a insensatez de viver sem reconhecer a soberania divina. Aqueles que se afastam de Deus se corrompem e cometem iniquidade. Que possamos exalar a sabedoria divina, reconhecendo nossa necessidade do Senhor e vivendo de acordo com seus mandamentos, inspirando outros a buscar nele a verdade e a sabedoria.

Ao músico-chefe em Neguinote,
Masquil, salmo de Davi, quando os
zifeus vieram e disseram a Saul:
"Davi não se esconde conosco?".

54 SALVA-ME, ó Deus, pelo teu nome,
e julga-me pela tua força.
2 Ouve a minha oração, ó Deus; dê ouvi-
dos às palavras da minha boca.
3 Pois estranhos se levantaram con-
tra mim, e opressores buscam a minha
alma; eles não puseram Deus diante de
si. SELÁ.
4 Eis que Deus *é* o meu ajudador; o
SENHOR *está* com os que sustentam a
minha alma.
5 Ele recompensará o mal aos meus
inimigos, extermina-os na tua verdade.

⁶Oferecer-te-ei sacrifícios voluntários, louvarei o teu nome, ó SENHOR; porque *isso é* bom.
⁷Pois ele me livrou de toda angústia, e meus olhos viram o *seu desejo* sobre os meus inimigos.

Salmo com aroma de

SALVAÇÃO

O salmo 54 nos envolve com o aroma da salvação divina. Davi clama por livramento e confia que Deus salvará os justos. O salmista expressa sua certeza de que Ele é seu ajudador e sustenta sua vida. Este aroma de salvação nos lembra da fidelidade de Deus em nos resgatar das adversidades. Ao buscarmos a ajuda do Senhor, encontramos segurança e proteção. Que nossa fé na salvação divina exale esperança e confiança em todas as circunstâncias, inspirando outros a confiarem na intervenção de Deus em suas vidas.

Ao músico-chefe em Neguinote, Masquil, salmo de Davi.

55 DÁ ouvidos à minha oração, ó Deus; e não te escondas da minha súplica.
²Atende-me e ouve-me, eu lamento na minha queixa e faço barulho;
³Por causa da voz do inimigo, por causa da opressão dos ímpios; porque lançaram iniquidade sobre mim, e com furor me odeiam.

Dá ouvidos à minha oração, ó Deus; e não te escondas da minha súplica.

Salmos 55:1

4 O meu coração está dolorido dentro de mim, e terrores da morte caíram sobre mim.

5 Temor e tremor vieram sobre mim, e o horror se apoderou de mim.

6 E eu disse: Ó, se eu tivesse asas como uma pomba! *Pois então* eu voaria para longe e estaria em repouso.

7 Eis que *então* eu vagaria para longe *e* ficaria no deserto. SELÁ.

8 Eu apressaria minha fuga da tormenta de ventos *e* da tempestade.

9 Destrói, ó SENHOR, *e* confunde as suas línguas; porque tenho visto violência e contenda na cidade.

10 Dia e noite andam sobre os seus muros, no seu meio também *há* mal e tristeza.

11 A maldade *está* em seu meio, engano e dolo não se afastam de suas ruas.

12 Pois não *era* um inimigo *que* me afrontava, então eu *o* teria suportado; nem *era* ele que me odiava *que se* engrandecia contra mim, então eu teria me escondido dele;

13 mas *eras* tu, um homem meu igual, meu guia e meu conhecido.

14 Tomávamos agradável conselho juntos *e* caminhávamos juntos até a casa de Deus.

15 Que a morte se apodere deles, *e* depressa desçam ao inferno; porque a maldade *está* nas suas habitações *e* no meio deles.

16 Quanto a mim, invocarei a Deus, e o SENHOR me salvará.

17 De tarde, de manhã e ao meio-dia, orarei e clamarei, e ele ouvirá a minha voz.

18 Ele livrou em paz a minha alma da batalha *que havia* contra mim, porque havia muitos comigo.

19 Deus os ouvirá e os afligirá, a saber, aquele que permanece desde a antiguidade. SELÁ. Porque eles não têm mudanças, portanto eles não temem a Deus.

20 Estendeu as mãos contra os que estavam em paz com ele, quebrou a sua aliança.

21 *As palavras* de sua boca eram mais macias que manteiga, mas em seu coração *havia* guerra; suas palavras eram mais suaves que o óleo, mas *eram* espadas desembainhadas.

22 Lança o teu fardo sobre o SENHOR, e ele te susterá; jamais permitirá que o justo seja abalado.

23 Mas tu, ó Deus, os farás descer à cova da perdição, pois os homens sanguinários e fraudulentos não viverão metade dos seus dias; mas eu confiarei em ti.

Salmo com aroma de

REFÚGIO

O salmo 55 exala o aroma do refúgio em meio à traição e ao sofrimento. Davi encontra consolo ao derramar seu coração diante de Deus, confiando na proteção divina. Ele clama por ajuda e expressa sua angústia perante a traição de um amigo próximo. Este aroma de refúgio nos convida a buscar a presença de Deus nos momentos de dor e traição. Ao confiarmos nele como nosso refúgio, exalamos o aroma da segurança e da paz. Que nossa confiança no refúgio divino nos traga conforto e cura em tempos difíceis.

Ao músico-chefe sobre
Jonate-Elém-Recoquim, mictão
de Davi, quando os filisteus
o levaram em Gate.

56 SÊ misericordioso para comigo, ó Deus, porque o homem me engoliria; pois ele, lutando diariamente, me oprime.

2Meus inimigos *me* devoram diariamente, pois *são* muitos *os* que lutam contra mim, ó Altíssimo.

3Quando tiver medo, confiarei em ti.

4Em Deus louvarei a sua palavra, em Deus pus a minha confiança; não temerei o que a carne possa me fazer.

5Todos os dias torcem as minhas palavras, todos os seus pensamentos *são* contra mim para o mal.

6Ajuntam-se, escondem-se, marcam os meus passos, quando esperam pela minha alma.

7Escaparão pela iniquidade? Na *tua* ira derruba o povo, ó Deus.

8Tu contaste minhas perambulações, recolhe as minhas lágrimas em teu odre, não *estão elas* em teu livro?

9Quando eu clamar *a ti*, então retrocederão os meus inimigos; pois Deus *é* por mim.

10Em Deus louvarei a *sua* palavra, no SENHOR louvarei a *sua* palavra.

11Em Deus pus a minha confiança, não temerei o que me possa fazer o homem.

12Os votos que te fiz *estão* sobre mim, ó Deus; render-te-ei louvores.

13Pois tu livraste a minha alma da morte; não *livrarás* os meus pés da queda, para que eu ande diante de Deus na luz dos vivos?

Em Deus pus a minha confiança, não temerei o que me possa fazer o homem.

Salmos 56:11

Salmo com aroma de

CONFIANÇA

O salmo 56 nos envolve com o aroma da confiança em Deus. Mesmo em meio ao medo e à perseguição, Davi declara sua fé na proteção divina. Ele afirma que, quando estiver com medo, confiará em Deus, cuja palavra louva. Este aroma de confiança nos inspira a depositar nossa fé nele, mesmo nas circunstâncias mais desafiadoras. Ao confiarmos no Senhor, exalamos o aroma da esperança e da segurança. Que nossa confiança em Deus exale força e esperança, inspirando outros a colocarem sua fé nele.

Para o músico-chefe, Al-Tachete, mictão de Davi, quando ele fugiu de Saul na caverna.

57 SÊ misericordioso comigo, ó Deus,
sê misericordioso comigo, porque
a minha alma confia em ti; sim, à sombra das tuas asas me refugiarei, até que passem *essas* calamidades.
2Clamarei ao Deus Altíssimo, ao Deus
que faz *todas as coisas* por mim.
3Ele enviará do céu e me salvará *do*
opróbrio daquele que queria me devorar. SELÁ. Deus enviará sua misericórdia e sua verdade.
4A minha alma *está* entre os leões, *e* eu
estou entre os que foram incendiados, *a saber*, os filhos dos homens, cujos dentes *são* lanças e flechas, e a sua língua uma espada afiada.
5Sê exaltado, ó Deus, acima dos céus;
seja a tua glória sobre toda a terra.
6Armaram uma rede aos meus passos,
minha alma está abatida; eles cavaram uma cova diante de mim, no meio da qual eles *próprios* caíram. SELÁ.
7O meu coração está firme, ó Deus, o
meu coração está firme; eu cantarei e darei louvores a ti.
8Desperta, glória minha; acordai,
saltério e harpa; eu *mesmo* acordarei cedo.
9Louvar-te-ei, SENHOR, entre os povos,
cantarei para ti entre as nações.
10Porque a tua misericórdia *é* gran-
de até aos céus, e a tua verdade até às nuvens.
11Sê exaltado, ó Deus, acima dos céus;
que a tua glória *seja* sobre toda a terra.

Salmo com aroma de

MISERICÓRDIA

O salmo 57 exala o aroma da misericórdia divina. Davi clama por compaixão enquanto se refugia em Deus, confiando na sua fidelidade. Ele pede que Deus o proteja até que passem as calamidades. Este aroma de misericórdia nos lembra do amor e da proteção divinos em tempos de aflição. Ao buscarmos sua misericórdia, encontramos alívio e consolo. Que nossa confiança na misericórdia de Deus exale esperança e paz, inspirando outros a confiarem no seu cuidado amoroso em todas as situações.

Ao músico-chefe, Al-Tachete,
mictão de Davi.

58 FALAIS de fato sobre a justiça, ó congregação? Julgais com retidão, ó filhos dos homens?

2 Sim, no vosso coração praticais a iniquidade, pesais na terra a violência das vossas mãos.

3 Desviam-se os ímpios desde a madre, desde o nascimento eles se desviam, falando mentiras.

4 O veneno deles *é* como o veneno da serpente, *eles são* como a víbora surda *que* tapa os ouvidos;

5 Que não ouvirá a voz dos encantadores, nunca encantarão tão sabiamente.

6 Quebra-lhes os dentes na sua boca, ó Deus; quebra-lhes os grandes dentes dos filhos dos leões, ó SENHOR.

7 Que se desfaçam como as águas *que* correm continuamente; *quando* ele estica *seu arco para atirar* suas flechas, deixe-as que sejam cortadas em pedaços.

8 Como a lesma *que* se derrete, deixe passar *cada um deles*; *como* o nascimento prematuro da mulher, para *que* eles não vejam o sol.

9 Antes que vossas panelas possam sentir o ardor dos espinhos, ele os levará embora como um redemoinho, ambos vivos e em *sua* ira.

10 O justo se alegrará ao ver a vingança, lavará os pés no sangue dos ímpios.

11 De modo que um homem dirá: "Em verdade *há* uma recompensa para o justo, em verdade, há um Deus que julga na terra".

"Em verdade há uma recompensa para o justo, em verdade, *há* um Deus que julga na terra".
Salmos 58:11

Salmo com aroma de

JUSTIÇA

O salmo 58 exala o aroma da justiça divina contra os ímpios. Davi confia que Deus trará julgamento justo e restaurará a equidade. Ele descreve a corrupção dos líderes e clama para que o Senhor julgue os malfeitores. Este aroma de justiça nos assegura que Ele vê e julga retamente. Ao confiarmos na justiça divina, exalamos o aroma da esperança e da retidão. Que nossa vida reflita o compromisso com a justiça e a retidão, inspirando outros a viverem de acordo com os princípios de Deus.

Ao músico-principal, Al-Tachete, mictão de Davi; quando Saul mandou, e vigiaram a casa para matá-lo.

59 LIVRA-ME dos meus inimigos, ó
meu Deus; defende-me daqueles
que se levantam contra mim.
2 Livra-me dos que praticam a iniqui-
dade, e salva-me dos homens sangui-
nários.
3 Pois eis que armam ciladas à minha
alma, os poderosos se ajuntaram contra
mim; não *por* transgressão minha, nem
por pecado meu, ó SENHOR.
4 Eles correm e se preparam sem que
haja culpa *minha*; levanta-te para me aju-
dar, e vê.
5 Tu, pois, ó SENHOR Deus dos Exércitos,
Deus de Israel, desperta para visitar
todos os pagãos; não sejas misericor-
dioso para com nenhum transgressor
perverso. SELÁ.
6 Eles voltam à tarde, fazem barulho
como cães e andam pela cidade.
7 Eis que eles arrotam com suas bocas,
espadas *estão* em seus lábios; pois quem,
dizem eles, ouve?
8 Mas tu, SENHOR, te rirás deles,
tu manterás todos os pagãos em es-
cárnio.
9 *Por causa da* tua força esperarei em
ti, porque Deus *é* a minha defesa.
10 O Deus da minha misericórdia me
preservará, Deus me deixará ver *meu*
desejo sobre meus inimigos.
11 Não os mates, para que o meu povo
não se esqueça; espalha-os pelo teu
poder, e derruba-os, ó SENHOR, nosso
escudo.
12 *Pelo* pecado da sua boca *e* pelas pala-
vras dos seus lábios sejam apanhados na
sua soberba, e pelas maldições e menti-
ras *que* falam.
13 Consome-*os* com ira, consome-*os*,
para que não *possam existir*; e saibam
que Deus reina em Jacó até os confins
da terra. SELÁ.
14 E à tarde voltem; *e* façam barulho
como cães, e rodeiem a cidade.
15 Deixe-os vagar para cima e para bai-
xo em busca de alimento, e resmungar
se não ficarem satisfeitos.
16 Mas eu cantarei sobre o teu poder;
sim, pela manhã cantarei em voz alta
a tua misericórdia; pois tu tens sido
minha defesa e refúgio no dia da minha
angústia.
17 A ti, ó força minha, cantarei; porque
Deus *é* a minha defesa, *e* o Deus da minha
misericórdia.

Salmo com aroma de

PROTEÇÃO

O salmo 59 nos envolve com o aroma da proteção divina. Davi clama por livramento de seus inimigos, confiando que será defendido. Ele descreve seus adversários e pede que Deus o proteja das suas mãos. Este aroma de proteção nos lembra que o Senhor é nosso escudo e fortaleza. Ao buscarmos a proteção divina, encontramos segurança e paz. Que nossa confiança na proteção de Deus exale segurança e coragem, inspirando outros a confiarem nele como seu defensor.

Para o músico-chefe em Susã-Edute,
mictão de Davi, para ensinar;
quando pelejou com Arã-Naaraim
e com Arã-Zobá, quando
Joabe voltou, e feriu de Edom
doze mil no vale do sal.

60 Ó Deus, tu nos rejeitaste, tu nos
espalhaste, tu derramaste a tua
ira; ó, volta-te para nós outra vez.
2Tu fizeste tremer a terra, tu a que-
braste; cura as suas brechas; pois
ela treme.
3Tu tens mostrado ao teu povo duras
coisas: tu nos fizeste beber o vinho da
perplexidade.
4Deste um estandarte aos que te
temem, para que seja exibido por causa
da verdade. SELÁ.
5Para que o teu amado seja liberto; sal-
va *com* a tua destra, e ouve-me.

Deste um estandarte aos que te temem, para que seja exibido por causa da verdade.

Salmos 60:4

[6]Deus falou em sua santidade;
regozijar-me-ei, dividirei Siquém e delimitarei o vale de Sucote.
[7]Meu é Gileade, e meu é Manassés;
Efraim também é a força da minha cabeça; Judá é o meu legislador;
[8]Moabe é a minha bacia de lavar; sobre
Edom lançarei o meu sapato: Filístia triunfa por minha causa.
[9]Quem me trará para *dentro* na cida-
de forte? Quem me conduzirá a Edom?
[10]Não *fostes tu*, ó Deus, *que* nos rejei-
taste? E *tu*, ó Deus, *que* não saíste com os nossos exércitos?
[11]Dá-nos socorro na angústia, porque
vão é o socorro do homem.
[12]Em Deus faremos proezas, porque
ele é quem pisará os nossos inimigos.

Salmo com aroma de

ESPERANÇA

O salmo 60 exala o aroma da esperança em meio à adversidade. Davi busca a restauração e a ajuda de Deus após derrotas e dificuldades. Ele clama por socorro e confia que Deus fortalecerá seu povo. Este aroma de esperança nos encoraja a confiar na intervenção divina. Ao buscarmos a ajuda de Deus, encontramos renovação e força. Que nossa fé na esperança do alto exale confiança e renovação, inspirando outros a confiarem no Senhor em tempos de desafio.

Para o músico-chefe em Neguinote, salmo de Davi.

61 OUVE meu clamor, ó Deus; atende a minha oração.
[2]Desde a extremidade da terra cla-
marei a ti, quando meu coração estiver abatido conduze-me à rocha *que* é mais alta do que eu.
[3]Pois tu tens sido um abrigo para mim
e uma torre forte contra o inimigo.
[4]Habitarei no teu tabernáculo para
sempre; confiarei no esconderijo das tuas asas. SELÁ.
[5]Pois tu, ó Deus, ouviste os meus votos;
deste *para mim* a herança dos que temem o teu nome.
[6]Tu prolongarás a vida do rei, *e* os seus
anos como muitas gerações.
[7]Ele permanecerá diante de Deus para
sempre: ó, preparai misericórdia e verdade, para *que* possam preservá-lo.
[8]Assim cantarei louvores ao teu nome
para sempre, para que eu possa cumprir diariamente os meus votos.

Salmo com aroma de

REFÚGIO

O salmo 61 nos envolve com o aroma do refúgio seguro em Deus. Davi clama ao Senhor, buscando abrigo e proteção. Ele pede que Deus o conduza à rocha mais alta e confia na fidelidade do Senhor. Este aroma de refúgio nos lembra que Deus é uma torre forte para aqueles que o buscam. Ao confiarmos nele, encontramos segurança e paz. Que nossa confiança no refúgio divino exale serenidade e confiança, inspirando outros a buscarem proteção no Senhor.

Para o músico-chefe, a Jedutum,
um salmo de Davi.

62 VERDADEIRAMENTE a minha
alma espera em Deus; dele *vem*
a minha salvação.
2 Somente ele é minha rocha e minha
salvação; *ele* é minha defesa, não ficarei
grandemente abalado.
3 Até quando imaginareis mal contra
um homem? Todos vós sereis mortos; *vós*
sereis como uma parede curvada, *e como*
uma cerca cambaleante.
4 Eles apenas consultam para derru-
bá-*lo* de sua excelência; eles se deleitam
em mentiras; eles abençoam com a boca,
mas amaldiçoam interiormente. SELÁ.
5 Ó, minha alma, espera somente em
Deus, pois a minha expectativa *vem* dele.
6 Só ele é a minha rocha e a minha sal-
vação; *ele é* a minha defesa; eu não serei
abalado.
7 Em Deus *está* a minha salvação e a
minha glória; a rocha da minha fortaleza
e o meu refúgio *estão* em Deus.
8 Confiai nele em todos os momen-
tos; vós, ó povos, derramai vosso cora-
ção diante dele; Deus é um refúgio para
nós. SELÁ.
9 Certamente os homens de baixo nível
são vaidade, *e* os homens de alto nível *são*
mentira; ao serem colocados na balan-
ça, eles *são* mais *leves* do que a vaidade.
10 Não confieis na opressão, nem vos
torneis vãos no roubo; se as riquezas
aumentarem, não ponhais *nelas* o vos-
so coração.

Ó, minha alma, espera somente em Deus, pois a minha expectativa vem dele.

Salmos 62:5

[11]Deus falou uma vez; duas vezes ouvi
isto: esse poder *pertence* a Deus.
[12]Também a ti, ó SENHOR, *pertence* a
misericórdia; porque tu retribuis a cada
um segundo as suas obras.

Salmo com aroma de

DESCANSO

O salmo 62 exala o aroma do descanso em Deus. Davi declara sua confiança no Senhor, sua rocha e salvação. Ele afirma que somente nele, em quem está sua esperança, sua alma encontra descanso. Este aroma de descanso nos convida a confiar plenamente em Deus e a encontrar paz em sua presença. Ao buscarmos descanso no Senhor, exalamos o aroma da tranquilidade e da confiança. Que nossa fé no descanso divino inspire outros a confiarem em Deus como sua fonte de paz.

Salmo de Davi, quando estava no deserto de Judá.

63 Ó DEUS, tu és o meu Deus; cedo te
buscarei; a minha alma tem sede
de ti, a minha carne te deseja como numa
terra seca e sedenta, onde não há água;
[2]para ver o teu poder e a tua glória,
como eu te vi no santuário.
[3]Porque a tua benignidade é melhor do
que a vida, os meus lábios te louvarão.
[4]Assim te abençoarei enquanto eu
viver; em teu nome levantarei as minhas
mãos.
[5]A minha alma se fartará *com* tutano e
gordura; e minha boca louvará *a ti* com
alegres lábios,
[6]quando me lembrar de ti na minha
cama, *e* meditar em ti nas vigílias da
noite.
[7]Porque foste a minha ajuda, à sombra
das tuas asas me regozijarei.
[8]A minha alma te segue de perto; a tua
destra me sustém.
[9]Mas aqueles *que* buscam a minha
alma para destruí-*la* irão para as par-
tes mais baixas da terra.
[10]Eles cairão à espada; serão uma por-
ção para as raposas.
[11]Mas o rei se alegrará em Deus; todo
aquele que jurar por ele se gloriará,
mas a boca dos que falam mentiras será
fechada.

Salmo com aroma de

FOME

O salmo 63 nos envolve com o aroma da fome espiritual. Davi anseia pelo Senhor no deserto, buscando sua presença com fervor. Ele declara que sua alma tem sede de Deus e que seu corpo anseia por Ele. Este aroma de fome nos lembra da nossa necessidade contínua de Deus. Ao buscarmos a presença divina, encontramos satisfação e renovação. Que nossa busca por sua presença exale um desejo profundo de comunhão e intimidade com o Senhor, inspirando outros a buscarem-no com fervor.

Ao músico-chefe, salmo de Davi.

64 OUVE a minha voz, ó Deus, em
minha oração; preserva minha
vida do medo do inimigo.
2 Esconde-me do conselho secreto dos
ímpios, da insurreição dos trabalhado-
res da iniquidade;
3 os quais afiam sua língua como a uma
espada, *e* armam *seus arcos para disparar*
suas flechas, *a saber*, palavras amargas;
4 para que atirem secretamente no
perfeito; de repente atiram nele, e não
temem.
5 Eles se encorajam *em* uma questão
maligna; eles falam sobre armar cila-
das em particular; eles dizem: "Quem
as verá?".
6 Eles esquadrinham as iniquidades;
eles realizam uma busca diligente; tanto
o *pensamento* interior de cada um *deles*
quanto o coração *são* profundos.
7 Mas Deus atirará neles *com* uma fle-
cha; repentinamente serão feridos.
8 Assim farão cair a sua própria língua
sobre si mesmos; todos os que os virem
fugirão.
9 E todos os homens temerão e anun-
ciarão as obras de Deus; pois eles devem
considerar sabiamente o que ele fez.
10 Os justos se alegrarão no SENHOR, e
nele confiarão; e todos os retos de cora-
ção se gloriarão.

Salmo com aroma de

JUSTIÇA

O salmo 64 exala o aroma da justiça divina. Davi clama por proteção contra conspirações e confia no julgamento de Deus. Ele descreve os planos dos ímpios e

Os justos se alegrarão no SENHOR, e nele confiarão...

Salmos 64:10

confia que Deus os frustrará. Este aroma de justiça nos assegura que Ele trará retidão e equidade. Ao confiarmos na justiça divina, exalamos o aroma da esperança e da segurança. Que nossa vida reflita o compromisso com a justiça de Deus, inspirando outros a confiarem na sua retidão.

Ao músico-chefe, salmo
e cântico de Davi.

65 LOUVOR espera por ti, ó Deus, em
Sião; e a ti o voto será cumprido.
2Ó tu que ouves a oração, a ti virá toda
a carne.
3Prevalecem as iniquidades contra
mim; *quanto* às nossas transgressões,
tu as purificarás.
4Bem-aventurado é o homem a quem
escolhes e fazes chegar *a ti*, para *que*
habite nos teus átrios; seremos satisfei-
tos com a bondade da tua casa, *a saber*,
do teu santo templo.
5*Por meio de* coisas terríveis em jus-
tiça nos responderás, ó Deus da nossa
salvação; tu *que és* a confiança de todos
os confins da terra, e dos que estão lon-
ge *sobre* o mar;
6o qual pela sua força firmou os mon-
tes, *sendo* cingidos com poder;
7que aquieta o ruído dos mares, o ruí-
do das suas ondas e o tumulto dos povos.
8Também os que habitam nas ex-
tremidades temem diante dos teus si-
nais; tu alegras as saídas da manhã e
da tarde.
9Tu visitas a terra, e a regas; tu a enri-
queces grandemente com o rio de Deus,
que está cheio de água; tu lhes preparas
trigo, quando tu assim tens a terra
preparada.
10Tu regas abundantemente os seus
torrões; tu preparas os seus sulcos; tu
os tornas macios com chuvas; tu aben-
çoas as suas nascentes.
11Tu coroas o ano com a tua bondade;
e teus caminhos destilam gordura.
12Eles caem *sobre* as pastagens do
deserto, e as colinas se regozijam por
todos os lados.
13Os pastos estão repletos de reba-
nhos; os vales também estão cobertos
de trigo; eles gritam de alegria, e tam-
bém cantam.

Salmo com aroma de

BÊNÇÃOS

O salmo 65 nos envolve com o aroma das bênçãos divinas. Este cântico celebra a generosidade de Deus, que abençoa a terra e o seu povo abundantemente. O salmista o louva pelas colheitas e pela provisão. Este aroma de bênçãos nos convida a reconhecer e agradecer as dádivas de Deus. Ao celebrarmos as bênçãos do Senhor, exalamos o aroma da gratidão e do louvor. Que nossa vida reflita a gratidão pelas bênçãos divinas, inspirando outros a reconhecerem a generosidade de Deus.

Ao músico-chefe, cântico ou salmo

66 FAZEI um barulho alegre a Deus,
vós, todas as terras;
2cantai a honra do seu nome; fazei glo-
rioso o seu louvor.

3Dizei a Deus: Quão terrível és tu nas
tuas obras! Pela grandeza do teu poder,
os teus inimigos se submeterão a ti.
4Toda a terra te adorará e cantará a ti;
eles cantarão *ao* teu nome. SELÁ.
5Vinde e vede as obras de Deus; *ele é*
terrível *em suas* ações para com os filhos
dos homens.
6Ele transformou o mar em *terra* seca;
eles atravessaram a inundação a pé; ali
nos regozijamos nele.
7Ele governa com seu poder para sem-
pre; os seus olhos contemplam as nações;
não se exaltem a si mesmos os rebeldes.
SELÁ.
8Ó, bendizei o nosso Deus, vós, ó povos,
e fazei ouvir a voz do seu louvor;
9ele sustenta nossa alma em vida e não
permite que nossos pés vacilem.
10Pois tu, ó Deus, nos provaste; tu nos
provaste como se prova a prata.
11Tu nos trouxeste à rede; puseste afli-
ção sobre os nossos lombos.
12Fizeste com que homens cavalgas-
sem sobre nossas cabeças; passamos
pelo fogo e pela água, mas tu nos trou-
xeste para um *lugar* rico.
13Entrarei em tua casa com holocaus-
tos; pagar-te-ei os meus votos,
14os quais os meus lábios proferiram
e minha boca falou, quando eu estava
na angústia.
15Oferecer-te-ei holocaustos de ani-
mais cevados, com incenso de carneiros;
oferecerei novilhos com cabras. SELÁ.
16Vinde *e* ouvi, todos vós que temeis
a Deus, e eu declararei o que ele fez por
minha alma.
17Clamei a ele com a minha boca, e ele
foi exaltado com a minha língua.
18Se eu atender à iniquidade no meu
coração, o SENHOR não *me* ouvirá;

Vinde e ouvi, todos vós que temeis a Deus, e eu declararei o que ele fez por minha alma.

Salmos 66:16

[19]*Mas*, em verdade, Deus *me* ouviu; ele
atendeu à voz da minha oração.
[20]Bendito *seja* Deus, que não rejeitou
a minha oração, nem retirou de mim a
sua misericórdia.

Salmo com aroma de

LOUVOR

O salmo 66 exala o aroma do louvor e da gratidão. Celebrando as maravilhas de Deus, o salmista convida todos a louvá-lo. Ele relembra os poderosos feitos divinos e convida todos a testemunhá-las. Este aroma de louvor nos lembra de celebrar as obras de Deus e exaltar seu nome. Ao louvá-lo, exalamos o aroma da adoração e da gratidão. Que nossa vida reflita o louvor ao Senhor, inspirando outros a reconhecerem e celebrarem a sua grandeza.

Ao músico-chefe em Neguinote,
salmo ou cântico.

67 DEUS, tem misericórdia de nós e
nos abençoe; *e* faze resplandecer
o seu rosto sobre nós. SELÁ.
[2]Para que teu caminho seja conheci-
do na terra, tua salvação entre todas as
nações.
[3]Que te louvem todos os povos, ó Deus;
que todos os povos te louvem.
[4]Alegrem-se e cantem de júbilo as
nações, porque tu julgarás os povos com
justiça e governarás as nações sobre a
terra. SELÁ.
[5]Que os povos todos te louvem, ó Deus;
que todas as nações cantem louvores a ti.
[6]*Então* a terra dará o seu fruto; *e*
Deus, *a saber*, nosso próprio Deus, nos
abençoará.
[7]Deus nos abençoará; e todos os con-
fins da terra o temerão.

Salmo com aroma de

COLHEITA

O salmo 67 nos envolve com o aroma da colheita abundante. Este cântico celebra a bênção divina sobre a terra, resultando em colheitas fartas. O salmista pede que Deus abençoe seu povo para que todos os povos o louvem. Este aroma de colheita nos lembra da provisão e da generosidade divinas. Ao reconhecermos as bênçãos de Deus, exalamos o aroma da gratidão e do louvor. Que nossa vida reflita a gratidão pela colheita divina, inspirando outros a louvarem a Deus por suas bênçãos.

Ao músico-chefe, salmo ou cântico de Davi.

68 QUE Deus se levante, dispersem-
-se os seus inimigos; fujam tam-
bém os que o odeiam.
[2]Como a fumaça se dissipa, que *assim*
os expulses; como a cera se derrete dian-
te do fogo, *assim* pereçam os ímpios na
presença de Deus.
[3]Mas alegrem-se os justos; regozi-
jem-se diante de Deus; sim, regozijem-
-se grandemente.

4 Cantem a Deus, cantem louvores ao seu nome; exaltem aquele que cavalga sobre os céus pelo seu nome SENHOR, e regozijem-se diante dele.

5 Pai de órfãos e juiz de viúvas é Deus em sua santa habitação.

6 Deus faz com que os solitários vivam em família; tira os que estão presos em grilhões; mas os rebeldes habitam em *terra* seca.

7 Ó Deus, quando foste adiante do teu povo, quando marchaste pelo deserto. SELÁ;

8 A terra estremeceu, os céus também caíram na presença de Deus; *a saber*, o próprio Sinai *foi movido* na presença de Deus, o Deus de Israel.

9 Tu, ó Deus, enviaste uma chuva abundante, pela qual confirmaste a tua herança, quando ela estava cansada.

10 A tua congregação habitou nela; tu, ó Deus, preparaste a tua bondade para os pobres.

11 O SENHOR deu a palavra; *foi* grande o número dos mensageiros que *a* proclamaram.

12 Os reis dos exércitos fugiram rapidamente; e aquela que ficou em casa repartiu os despojos.

13 Ainda que dormis entre as fogueiras do acampamento, *vós sereis como* as asas de uma pomba, cobertas de prata, e suas penas de ouro reluzente.

14 Quando o Todo-poderoso dispersou os reis nela, ela ficou *branca* como a neve em Salmom.

15 A colina de Deus é como a colina de Basã, uma colina alta *como* a colina de Basã.

16 Por que saltais, ó montes altos? *Esta* é a colina em *que* Deus deseja habitar; sim, o SENHOR habitará *nela* para sempre.

Cantem a Deus, cantem louvores ao seu nome...

Salmos 68:4

17 Os carros de Deus *são* vinte mil, *a*
saber, milhares de anjos; o SENHOR *está*
no meio deles, *como no* Sinai, no lugar
santo.
18 Subiste às alturas, levaste cativo
o cativeiro; concedeste dons para os
homens; sim, também *para* os rebeldes,
para que o SENHOR Deus pudesse habi-
tar *entre eles*.
19 Bendito *seja* o SENHOR, *que* diaria-
mente nos enche *com benefícios, a saber*,
o Deus da nossa salvação. SELÁ.
20 *Aquele que é* o nosso Deus é o Deus
da salvação; e a Deus, o SENHOR, *perten-*
cem as questões da morte.
21 Mas Deus ferirá a cabeça de seus ini-
migos, *e* o couro cabeludo daquele que
continua em seus delitos.
22 O SENHOR disse: "Eu trarei novamen-
te de Basã, trarei *o meu povo* novamente
das profundezas do mar;
23 para que teu pé seja mergulhado no
sangue de *teus* inimigos, *e* no mesmo a
língua de teus cães".
24 Eles viram os teus passos, ó Deus; *a*
saber, os passos do meu Deus, meu Rei,
no santuário.
25 Os cantores iam à frente, os toca-
dores de instrumentos *vinham* atrás;
entre eles *estavam* as donzelas tocan-
do tamboris.
26 Bendizei a Deus nas congregações,
a saber, ao SENHOR, desde a fonte de
Israel.
27 Ali *está* o pequeno Benjamim *com*
seu governante, os príncipes de Judá *e*
seu conselho, os príncipes de Zebulom
e os príncipes de Naftali.
28 O teu Deus ordenou a tua força; for-
talece, ó Deus, o que tens feito para nós.
29 Por causa do teu templo em
Jerusalém os reis trarão presentes a ti.
30 Repreende a companhia de lancei-
ros, a multidão de touros, com os bezer-
ros do povo, *até que cada um* se submeta
com moedas de prata; espalha tu o povo
que se deleita na guerra.
31 Príncipes sairão do Egito, a Etiópia
em breve estenderá as mãos para
Deus.
32 Cantai a Deus, vós reinos da terra; ó,
cantai louvores ao SENHOR. SELÁ.
33 Àquele que cavalga sobre os céus
dos céus, *que era* desde a antiguidade;
eis que ele emite a sua voz, *e essa* é uma
voz poderosa.
34 Atribuí força a Deus; a sua excelên-
cia *está* sobre Israel, e a sua força *está*
nas nuvens.
35 Ó Deus, *tu és* terrível desde os teus
santos lugares; o Deus de Israel é aquele
que dá força e poder ao *seu* povo. Bendito
seja Deus.

Salmo com aroma de

VITÓRIA

O salmo 68 exala o aroma da vitória divina. Celebrando as vitórias de Deus sobre seus inimigos, o salmista exalta o seu poder. Ele descreve a majestade e as vitórias do Senhor sobre os adversários. Este aroma de vitória nos lembra que Ele é nosso defensor invicto. Ao confiarmos em suas vitórias, exalamos o aroma da força e da coragem. Que nossa confiança na vitória divina inspire outros a colocarem sua fé no poder de Deus.

Ao músico-chefe sobre Sosanim,
salmo de Davi.

69 SALVA-ME, ó Deus; porque as
águas chegaram até minha alma.
2 Eu afundo no lodo profundo, onde não
há como ficar; entrei em águas profun-
das, onde as correntes me inundam.
3 Estou cansado de tanto chorar; minha
garganta está seca, meus olhos desfale-
cem enquanto espero pelo meu Deus.
4 Os que me odeiam sem causa são mais
do que os cabelos da minha cabeça; os
que querem me destruir, *sendo* meus
inimigos injustamente, são poderosos;
então restituí aquilo *que* não tomei.
5 Ó Deus, tu conheces a minha insen-
satez, e meus pecados não estão escon-
didos de ti.
6 Não sejam envergonhados por minha
causa aqueles que esperam em ti, ó
SENHOR Deus dos Exércitos; não sejam
confundidos por causa de mim aqueles
que te buscam, ó Deus de Israel.
7 Porque por amor de ti suportei opró-
brio, e a vergonha cobriu meu rosto.
8 Tornei-me um estranho para meus
irmãos e um estranho para os filhos de
minha mãe.
9 Pois o zelo da tua casa me consumiu,
e as injúrias dos que te injuriaram caí-
ram sobre mim.
10 Quando eu chorava *e castigava* a
minha alma com jejuns, isso foi para o
meu opróbrio.
11 Também fiz de pano de saco as
minhas vestes; e tornei-me um provér-
bio para eles.
12 Os que estão sentados à porta
falam contra mim; e eu *era* a canção
dos bêbados.
13 Mas, quanto a mim, a minha oração
é dirigida a ti, ó SENHOR, *em* um tempo

Salva-me, ó Deus; porque
as águas chegaram
até minha alma.
Salmos 69:1

aceitável; ó Deus, na grandeza da tua
misericórdia, ouve-me, na verdade da
tua salvação.
14Livra-me do lamaçal e não me deixes
afundar; livra-me dos que me odeiam, e
das águas profundas.
15Não me deixes transbordar a cor-
rente de águas, nem que o abismo me
engula, e não deixes que a cova feche a
boca contra mim.
16Ouve-me, SENHOR; porque boa é
a tua benignidade; volta-te para mim
segundo a multidão das tuas suaves
misericórdias.
17E não escondas o teu rosto do teu
servo, porque estou com problemas;
ouve-me depressa.
18Aproxima-te da minha alma *e* res-
gata-a; livra-me por causa dos meus
inimigos.
19Tu conheces o meu opróbrio, e a
minha vergonha, e a minha desonra;
os meus adversários *estão* todos dian-
te de ti.
20O opróbrio partiu-me o coração; e
estou cheio de angústia; e procurei *por
alguém* que tivesse pena, mas não houve
ninguém; e por consoladores, mas não
encontrei nenhum.
21Deram-me também fel como alimen-
to; e na minha sede me deram vinagre
para beber.
22Torne-se a sua mesa uma cilada
diante deles; e *que aquilo que deveria
ser* para *o seu* bem-estar, *que isso vire*
uma armadilha.
23Deixa que escureçam os seus olhos,
para que não vejam; e faze seus lombos
tremerem continuamente.
24Derrama sobre eles a tua indignação,
e apodere-se deles a tua cólera.
25Seja desolada a sua habitação, *e* nin-
guém habite nas suas tendas.
26Porque perseguem *aquele* a quem
feriste; e eles falam sobre a dor daque-
les a quem tu tens ferido.
27Acrescenta iniquidade à iniquida-
de deles, e não os deixes entrar na tua
justiça.
28Sejam riscados do livro dos vivos, e
não sejam inscritos com os justos.
29Mas eu sou pobre e triste; que a tua
salvação, ó Deus, me ponha em um alto
lugar.
30Louvarei o nome de Deus com cân-
ticos, e o engrandecerei com ações de
graças.
31*Isso* também agradará mais ao
SENHOR do que um boi *ou* novilho que
tem chifres e cascos.
32Os humildes verão *isso e* se alegra-
rão; e viverá o vosso coração que bus-
ca a Deus.
33Porque o SENHOR ouve os pobres, e
não despreza os seus prisioneiros.
34Louvem-no os céus e a terra, os
mares e tudo o que neles se move.
35Porque Deus salvará Sião e edificará
as cidades de Judá, para que ali habitem
e a possuam.
36A descendência dos seus servos a
herdará, e os que amam o seu nome nela
habitarão.

Salmo com aroma de

ANGÚSTIA

O salmo 69 nos envolve com o aroma da angústia e do clamor por socorro. Davi expressa seu sofrimento e busca a ajuda de Deus. Ele descreve sua aflição e pede que Deus o salve. Este aroma de angústia nos lembra que podemos levar nossas dores a Deus, confiando em seu consolo e intervenção. Ao derramarmos nossos corações diante dele, exalamos o aroma da esperança e da fé. Que nossa confiança no socorro divino inspire outros a buscarem a ajuda de Deus em tempos de aflição.

Ao músico-chefe, salmo de Davi, para trazer à lembrança.

70 *APRESSA-TE*, ó Deus, em livrar-
-me; não te demores em socorrer-
-me, ó SENHOR.
2 Sejam envergonhados e confundidos
os que procuram a minha alma;
3 voltem atrás como recompensa da
sua vergonha os que dizem: Ah, ah!
4 Alegrem-se e alegrem-se em ti todos
os que te buscam; e digam continuamente os que amam a tua salvação:
"Engrandecido seja Deus".
5 Mas eu *sou* pobre e necessitado;
apressa-te por mim, ó Deus; tu és o meu
auxílio e o meu libertador; ó SENHOR,
não demores.

Salmo com aroma de

SOCORRO

O salmo 70 exala o aroma do socorro divino urgente. Davi clama por ajuda imediata, confiando na rápida intervenção de Deus. Ele pede que Deus se apresse em livrá-lo e que seus inimigos sejam envergonhados.

Apressa-te, ó Deus, em livrar-me; não te demores em socorrer-me, ó Senhor.

Salmos 70:1

Este aroma de socorro nos lembra que Deus está atento e pronto para nos ajudar. Ao buscarmos a sua ajuda, exalamos o aroma da confiança e da paz. Que nossa fé no socorro divino inspire outros a confiarem na prontidão de Deus para intervir em suas vidas.

71 Em ti, ó SENHOR, eu coloco a minha confiança; nunca me deixes confundido.

2Livra-me pela tua justiça, e livra-me; inclina para mim os teus ouvidos, e salva-me.

3Sê tu a minha forte habitação, à qual eu possa recorrer continuamente; tu deste ordem para me salvar; pois tu és minha rocha e minha fortaleza.

4Livra-me, ó meu Deus, das mãos dos ímpios, das mãos do homem injusto e cruel.

5Pois tu és a minha esperança, ó SENHOR Deus; *tu és* a minha confiança desde a minha juventude.

6Por ti tenho sido sustentado desde o ventre materno; tu és aquele que me tiraste das entranhas de minha mãe; o meu louvor *será* continuamente para ti.

7Sou como um assombro para muitos; mas tu és o meu forte refúgio.

8Que a minha boca se encha *com* o teu louvor *e com* a tua honra todos os dias.

9Não me rejeites no tempo da velhice; não me abandones quando minha força falhar.

10Pois os meus inimigos falam contra mim; e os que espreitam a minha alma consultam-se juntos,

11Dizendo: "Deus o abandonou; persegui-o e prendei-o; porque não há quem o livre".

12Ó Deus, não fiques longe de mim; ó Deus meu, apressa-te em me socorrer.

13Sejam confundidos *e* consumidos os que são adversários da minha alma; cubram-se *com* opróbrio e desonra os que procuram o meu mal.

14Mas eu esperarei continuamente, e ainda te louvarei mais e mais.

15A minha boca anunciará a tua justiça *e* a tua salvação todos os dias; porque não conheço os números *deles*.

16Irei na força do SENHOR Deus; farei menção da tua justiça, *a saber*, somente da tua.

17Ó Deus, tu me ensinaste desde a minha mocidade; e até agora tenho anunciado as tuas maravilhosas obras.

18Agora também, quando estou velho e de cabelos brancos, ó Deus, não me desampares; até que eu tenha anunciado a tua força a *esta* geração, *e* o teu poder a todas as *que* hão de vir.

19A tua justiça também, ó Deus, é muito elevada, pois tens feito grandes coisas; ó Deus, quem é semelhante a ti?

20*Tu*, que me mostraste grandes e dolorosas tribulações, tu me vivificarás novamente e me farás subir das profundezas da terra.

21Tu aumentarás a minha grandeza, e de todos os lados me consolarás.

22Também eu te louvarei com o saltério, *a saber*, a tua verdade, ó Deus meu; a ti cantarei com a harpa, ó Santo de Israel.

23Meus lábios se alegrarão muito quando eu cantar para ti; assim como a minha alma que tu remiste.

24Também a minha língua falará da tua justiça o dia inteiro; porque estão

confundidos e envergonhados aqueles
que procuram meu mal.

Salmo com aroma de

REFÚGIO

O salmo 71 nos envolve com o aroma do refúgio seguro em Deus desde a juventude até a velhice. Davi confia na fidelidade divina ao longo da vida, declarando que o Senhor é seu refúgio constante. Ele pede a Deus que não o abandone na velhice e exalta a sua justiça. Este aroma de refúgio nos lembra que Deus é nosso abrigo constante. Ao confiarmos nele, encontramos segurança e paz em todas as etapas da vida. Que nossa confiança no refúgio divino inspire outros a buscarem a proteção do Senhor.

Salmo para Salomão.

72 DÁ ao rei os teus juízos, ó Deus, e
a tua justiça ao filho do rei.
2 Ele julgará o teu povo com justiça, e
os teus pobres com juízo.
3 Os montes trarão paz ao povo, e as
colinas, por meio da justiça.
4 Ele julgará os pobres do povo, salvará
os filhos dos necessitados e despedaça-
rá o opressor.
5 Eles te temerão enquanto durarem o
sol e a lua, por todas as gerações.
6 Ele descerá como a chuva sobre a
relva ceifada, como chuvas *que* regam
a terra.
7 Nos seus dias florescerá o justo; e
abundância de paz enquanto durar a lua.

Dá ao rei os teus juízos, ó Deus, e a tua justiça ao filho do rei.
Salmos 72:1

8Dominará também de mar a mar, e
desde o rio até as extremidades da terra.
9Os que habitam no deserto se curvarão diante dele; e seus inimigos lamberão o pó.
10Os reis de Társis e das ilhas trarão presentes; os reis de Sabá e de Seba oferecerão presentes.
11Sim, todos os reis se prostrarão diante dele; todas as nações o servirão.
12Pois ele livrará o necessitado quando clama; também o pobre e *aquele* que não tem quem o ajude.
13Ele poupará os pobres e necessitados, e salvará a alma dos necessitados.
14Ele redimirá a sua alma do engano e da violência, e precioso será o seu sangue aos seus olhos.
15E ele viverá, e será dado a ele do ouro de Sabá; orações também serão feitas por ele continuamente; *e* diariamente ele será louvado.
16Haverá um punhado de trigo na terra no cume dos montes; o seu fruto sacudirá como o Líbano, e *os* da cidade florescerão como a erva da terra.
17O seu nome durará para sempre; o seu nome durará tanto quanto o sol; e os *homens* serão abençoados nele; todas as nações o chamarão bem-aventurado.
18Bendito *seja* o SENHOR Deus, o Deus de Israel, que só faz coisas maravilhosas.
19E bendito *seja* para sempre o seu nome glorioso; e encha-se toda a terra *com* a sua glória; Amém e amém.
20Terminam aqui as orações de Davi, filho de Jessé.

Salmo com aroma de

JUSTIÇA

O salmo 72 exala o aroma da justiça e da paz no reino messiânico. Este cântico celebra o reinado justo do rei, que traz prosperidade e equidade. O salmista pede que Deus conceda justiça ao rei e que seu reino seja de paz e bênção. Este aroma nos inspira a buscar e a promover a justiça e a paz em nosso mundo. Ao vivermos de acordo com os princípios divinos, exalamos o aroma da equidade. Que nossa vida reflita o desejo de ver a justiça divina realizada em todas as nações, inspirando outros a buscarem a paz e a retidão.

TERCEIRO LIVRO

Salmos 73 a 89

INTRODUÇÃO AOS SALMOS 73—89

O aroma da redenção e do louvor

OS SALMOS 73 A 89 formam a terceira divisão do Livro de Salmos, em que os temas da redenção e do louvor permeiam os cânticos e orações. Este bloco reflete a luta do ser humano tanto com a justiça quanto com , a soberania de Deus e sua esperança na restauração. O aroma da redenção se mistura com o louvor, criando uma tapeçaria rica de emoções e reflexões espirituais.

No início deste bloco, encontramos uma profunda reflexão sobre a prosperidade dos ímpios e as provações dos justos. Asafe, autor de vários salmos desta seção, questiona a aparente injustiça no mundo, mas sempre retorna à confiança na redenção e na justiça final de Deus. Este aroma de redenção é poderoso, pois nos lembra que, apesar das dificuldades e das injustiças aparentes, Deus tem um plano redentor para seus fiéis.

A luta interior e a busca por entendimento diante das adversidades são temas centrais. Os salmistas expressam sentimentos de confusão e desespero, mas encontram consolo na presença de Deus. Este bloco destaca que a redenção não é apenas um evento futuro, mas uma realidade presente que se manifesta através da confiança e da esperança em Deus. O aroma da redenção é sentido na certeza de que Ele é justo e fiel, mesmo quando as circunstâncias parecem contradizer essa verdade.

A soberania de Deus é exaltada repetidamente, lembrando os fiéis de sua majestade e poder. Este reconhecimento traz conforto e louvor, reforçando a confiança de que Ele governa sobre todas as coisas e que seu plano redentor prevalecerá. O aroma do louvor surge em meio à luta e à dor, transformando a lamentação em adoração e esperança.

A presença de cânticos de celebração e louvor é notável nesta seção. Eles exaltam as obras poderosas de Deus, seu amor constante e sua fidelidade. O louvor, portanto, não é apenas uma resposta à redenção já experimentada, mas também uma expressão de fé na redenção futura. Este aroma de louvor permeia os salmos, incentivando os fiéis a manterem seus olhos fixos em Deus, independentemente das circunstâncias.

Os salmos deste bloco também abordam a importância de recordar as obras de Deus no passado como fonte de esperança para o presente e o futuro. Ao lembrar-se das intervenções divinas, os salmistas encontram motivos para louvar e confiar na redenção divina contínua. Este aroma de memória e esperança reforça a ideia de que Deus é imutável e fiel, e que sua redenção está sempre ao alcance daqueles que nele confiam.

Em suma, os salmos 73 a 89 oferecem uma profunda exploração da redenção e do louvor. Esta terceira divisão do Livro de Salmos nos convida a confiar na justiça e na fidelidade de Deus, a louvar suas obras poderosas e a manter a esperança na sua redenção, mesmo em meio às provações. Cada salmo exala um aroma distinto que enriquece nossa compreensão da relação entre o ser humano e Deus, formando um mosaico espiritual que inspira e fortalece a fé.

TERCEIRO LIVRO

(Salmos 73 a 89)

Salmo de Asafe.

73 VERDADEIRAMENTE Deus *é* bom para Israel, *a saber*, para os que têm um coração puro.

2 Mas, quanto a mim, meus pés quase escorregaram; meus passos quase resvalaram.

3 Pois eu tinha inveja dos tolos, *quando* via a prosperidade dos ímpios.

4 Pois *não há* sofrimentos na sua morte, mas a sua força é firme.

5 Eles não *estão* em tribulação *como os* outros homens; nem são atormentados como as *outras* pessoas.

6 Por isso, o orgulho os cerca como uma corrente; a violência os cobre *como* um vestido.

7 Seus olhos se destacam pela gordura; eles têm mais do que o coração poderia desejar.

8 Eles são corruptos e falam perversamente *sobre* a opressão; eles falam soberbamente.

9 Põem a sua boca contra os céus, e a sua língua caminha pela terra.

10 Por isso, o povo se volta para eles, e águas de um *copo* cheio são espremidas para eles.

11 E eles dizem: "Como sabe Deus? E há conhecimento no Altíssimo?".

12 Eis que esses *são* os ímpios, que prosperam no mundo; eles aumentam *em* riquezas.

13 Em verdade, *em* vão purifiquei o meu coração, e lavei as minhas mãos na inocência.

14 Porque todo o dia tenho sido afligido, e castigado todas as manhãs.

15 Se eu disser, assim falarei; eis que ofenderia *a* geração de teus filhos.

16 Quando pensei em conhecer isso, *foi* muito doloroso para mim;

17 até que entrei no santuário de Deus, *então* entendi o fim deles.

18 Certamente tu os puseste em lugares escorregadios; tu os lançaste na destruição.

19 Como eles são *levados* à desolação, como num momento! Eles são totalmente consumidos por terrores.

20 Como um sonho quando *alguém* acorda; *assim*, ó SENHOR, quando despertares, desprezarás a imagem deles.

21 Assim meu coração se contristou, e senti picadas nos meus rins.

22 Tão insensato *fui* eu, e ignorante; fui *como* um animal diante de ti.

23 Todavia *estou* continuamente contigo; tu *me* seguras pela minha mão direita.

24 Tu me guiarás com o teu conselho, e depois me receberás *na* glória.

25 Quem tenho eu no céu *senão a ti*? E não há ninguém na terra *que* eu deseje além de ti.

26 A minha carne e o meu coração desfalecem; *mas* Deus é a força do meu coração e a minha herança para sempre.

27 Pois eis que os que estão longe de ti perecerão; tu destruíste todos os que se afastaram de ti.

28 Mas é bom para mim aproximar-me de Deus; tenho posto a minha confiança no SENHOR Deus, para anunciar todas as tuas obras.

Salmo com aroma de

REFLEXÃO

O salmo 73 exala o aroma da reflexão sobre a justiça de Deus. Asafe questiona a prosperidade dos ímpios, mas ao buscar a presença divina, encontra entendimento e paz. Ele percebe que o destino dos ímpios é temporário e que a verdadeira recompensa consiste em estar perto de Deus. Este aroma de reflexão nos lembra da importância de buscá-lo para compreender as dificuldades da vida. Ao refletirmos sobre a justiça divina, encontramos sabedoria e consolo. Que possamos exalar sabedoria ao refletir sobre as verdades divinas.

Masquil de Asafe.

74 Ó DEUS, por que *nos* rejeitas-
te para sempre? *Por que* fume-
ga a tua cólera contra as ovelhas do teu
pasto?
2Lembra-te da tua congregação, *que*
adquiriste desde a antiguidade; a vara da
tua herança, *que* resgataste neste monte
Sião, onde tens habitado.
3Levanta os teus pés para as desola-
ções perpétuas; *a saber*, mesmo aque-
las *que* o inimigo fez perversamente no
santuário.
4Os teus inimigos rugem no meio
das tuas congregações; eles armaram
suas insígnias *como* sinais.
5*Um homem* se tornou famoso por ter
levantado machados sobre as árvores
grossas.

Lembra-te da tua congregação, *que* adquiriste desde a antiguidade...
Salmos 74:2

6 Mas agora eles quebram a obra esculpida ncla dc uma só vcz com machados e martelos.

7 Lançaram fogo ao teu santuário, eles o profanaram, *deitando* por terra a morada do teu nome.

8 Disseram em seu coração: “Vamos destruí-los juntos”, eles queimaram todas as sinagogas de Deus na terra.

9 Não vemos os nossos sinais; não *há* mais nenhum profeta; nem *há* entre nós quem saiba por quanto tempo.

10 Ó Deus, até quando o adversário nos envergonhará? Blasfemará o inimigo o teu nome para sempre?

11 Por que retiras a tua mão, sim, a tua mão direita? Arranca-*a* do teu seio.

12 Pois Deus é meu Rei desde a antiguidade, operando a salvação no meio da terra.

13 Tu dividiste o mar com a tua força; tu quebraste as cabeças dos dragões nas águas.

14 Partiste em pedaços a cabeça do leviatã, *e* o deste *para* servir de pasto ao povo que habita no deserto.

15 Tu fendeste a fonte e o rio; tu secaste os rios caudalosos.

16 Teu é o dia, tua também é a noite; tu preparaste a luz e o sol.

17 Fixaste todos os limites da terra; fizeste o verão e o inverno.

18 Lembra-te disto, *que* o inimigo tem afrontado, ó SENHOR, e *que* o povo insensato tem blasfemado o teu nome.

19 Não entregueis a alma da tua pombinha à multidão *dos ímpios*; não te esqueças para sempre da congregação dos teus pobres.

20 Respeitai a vossa aliança, porque os lugares tenebrosos da terra estão cheios de moradas de crueldade.

21 Não voltem envergonhados os oprimidos; louvem o teu nome os aflitos e os necessitados.

22 Levanta-te, ó Deus, pleiteia a tua própria causa; lembra-te de como o insensato te envergonha diariamente.

23 Não te esqueças da voz dos teus inimigos; o tumulto dos que se levantam contra ti aumenta continuamente.

Salmo com aroma de

LAMENTAÇÃO

O salmo 74 exala o aroma da lamentação diante da destruição do templo. O salmista clama a Deus, lembrando-se das suas obras poderosas no passado e pedindo restauração. Este aroma de lamentação nos lembra que podemos expressar nossa dor e buscar consolo no Senhor. Ao derramarmos nossos corações diante dele, encontramos esperança e força. Que nossas lamentações exalem esperança na restauração divina, confiando que Deus pode renovar o que foi destruído.

Para o músico-chefe, Al-Tachete, salmo ou cântico de Asafe.

75 A ti, ó Deus, damos graças, *a ti* damos louvor; *porque* perto está o teu nome, as tuas maravilhas o declaram.

2 Quando eu receber a congregação, julgarei com retidão.

³A terra e todos os seus habitantes
estão dissolvidos; eu sustento as suas
colunas. SELÁ.
⁴Eu disse aos tolos: "Não sejais tolos";
e aos ímpios: "Não levanteis a vossa
fronte".
⁵Não levanteis a vossa fronte altiva;
não faleis *com* dura cerviz.
⁶Porque a exaltação não *vem* nem do
oriente, nem do ocidente, nem do sul.
⁷Mas Deus é o juiz, ele derruba um e
estabelece outro.
⁸Porque na mão do SENHOR *há* um cálice,
e o vinho é tinto; está cheio de mistura;
e dele o derrama; mas as suas borras,
todos os ímpios da terra *as* espremerão
e *as* beberão.
⁹Mas eu declararei para sempre; cantarei
louvores ao Deus de Jacó.
¹⁰Também cortarei todos os poderes
dos ímpios; *mas* os poderes dos justos
serão exaltados.

Salmo com aroma de

EXALTAÇÃO

O salmo 75 exala o aroma da exaltação pela justiça divina. O salmista louva ao Senhor por seu justo julgamento e soberania. Ele declara que Deus é o juiz que abate os ímpios e exalta os justos. Este aroma de exaltação nos inspira a louvar Deus por sua justiça, reconhecendo seu domínio sobre todas as coisas. Ao exaltarmos o Senhor, nossa vida reflete a grandeza e a justiça divina. Que nossa adoração exale gratidão por essa justiça.

Mas eu declararei para sempre; cantarei louvores ao Deus de Jacó.

Salmos 75:9

Para o músico-chefe em Neguinote,
salmo ou cântico de Asafe.

76 EM Judá Deus *é* conhecido; seu
nome *é* grande em Israel.
2Em Salém também está o seu taber-
náculo, e a sua morada em Sião.
3Ali ele quebra as flechas do arco, o
escudo, a espada e a batalha. SELÁ.
4Tu *és* mais glorioso *e* excelente do que
as montanhas de rapina.
5Despojaram-se os corajosos, dormi-
ram o seu sono, e nenhum dos homens
valentes achou as suas mãos.
6À tua repreensão, ó Deus de Jacó,
tanto a carruagem quanto o cavalo são
lançados em um sono mortal.
7Tu, *sim*, deves *ser* temido; e quem
poderá permanecer diante de ti quan-
do estiveres irado?
8Fizeste ouvir do céu o juízo; a terra
temeu, e ficou quieta,
9quando Deus se levantou para julgar,
para salvar todos os mansos da terra.
SELÁ.
10Certamente a cólera do homem te
louvará; o restante da cólera tu conterás.
11Fazei votos e pagai ao SENHOR vosso
Deus; todos os que estão ao redor dele
tragam presentes àquele que deve ser
temido.
12Ele removerá o espírito dos prínci-
pes; *ele é* terrível para os reis da terra.

Salmo com aroma de

PODER

O salmo 76 exala o aroma do poder soberano de Deus. O salmista celebra as vitórias divinas sobre os inimigos, destacando sua força invencível. Ele declara que o Senhor é temido em toda a terra e que sua ira contra os ímpios traz paz. Este aroma de poder nos lembra que Ele é nosso defensor poderoso. Ao confiarmos no seu poder, encontramos segurança e coragem. Que nossa confiança em Deus exale força e esperança, inspirando outros a confiarem nele.

Ao principal músico, a
Jedutum, salmo de Asafe.

77 EU clamei a Deus com a minha voz,
a saber, a Deus com a minha voz;
e ele me deu ouvidos.
2No dia da minha angústia busquei ao
SENHOR; a minha ferida correu durante
a noite e não cessou; a minha alma recu-
sou ser consolada.
3Lembrei-me de Deus e fiquei pertur-
bado; eu reclamei, e meu espírito estava
sobrecarregado. SELÁ.
4Tu sustentas meus olhos acordados;
estou tão perturbado que não posso
falar.
5Considerei os dias antigos, os anos
dos tempos antigos.
6Chamo à lembrança minha canção
à noite; comungo com meu próprio
coração, e meu espírito fez uma busca
diligente.
7Rejeitará o SENHOR para sempre?
E ele não mais será favorável?
8Sua clara misericórdia se foi para
sempre? *Sua* promessa falhará para
sempre?
9Esqueceu-se Deus de ser misericor-
dioso? Ele com ira calou suas ternas
misericórdias? SELÁ.

10E eu disse: Esta é a minha enfermi-
dade, *mas eu me lembrarei* dos anos da
destra do Altíssimo.
11Eu me lembrarei das obras do
SENHOR, certamente me lembrarei das
tuas maravilhas da antiguidade.
12Meditarei também em todas as tuas
obras, e falarei dos teus feitos.
13O teu caminho, ó Deus, *está* no san-
tuário; quem *é* um Deus *tão* grande como
o *nosso* Deus?
14Tu *és* o Deus que fazes maravilhas;
tu declaraste a tua força entre os povos.
15Tu remiste com o *teu* braço o teu
povo, os filhos de Jacó e José. SELÁ.
16As águas te viram, ó Deus, as águas
te viram; elas ficaram com medo, as pro-
fundezas também foram perturbadas.
17As nuvens derramaram água, os céus
emitiram um som; as tuas flechas tam-
bém se espalharam.
18A voz do teu trovão *estava* no céu,
os relâmpagos iluminaram o mundo; a
terra estremeceu e abalou.
19O teu caminho *está* no mar, e a tua
vereda nas grandes águas, e as tuas
pegadas não são conhecidas.
20Guiaste o teu povo como a um reba-
nho pela mão de Moisés e Arão.

Salmo com aroma de

REFLEXÃO

O salmo 77 exala o aroma da reflexão sobre as obras divinas. Em meio à angústia, o salmista lembra-se das intervenções passadas de Deus, encontrando consolo. Ele medita em suas maravilhas e encontra paz. Este aroma de reflexão nos convida a lembrar

Tu és o Deus que fazes maravilhas; tu declaraste a tua força entre os povos.

Salmos 77:14

das ações de Deus em nossa vida. Ao refletirmos sobre as obras divinas, encontramos esperança e força. Que nossa memória das obras do Senhor exale gratidão e confiança, inspirando outros a buscarem-no.

Masquil de Asafe.

78 DAI ouvidos, ó povo meu, *à* minha
lei; inclinai os vossos ouvidos às
palavras da minha boca.
2 Abrirei minha boca em uma parábola;
proferirei palavras obscuras do passado.
3 O que ouvimos e conhecemos, e nos-
sos pais nos contaram.
4 Não *as* esconderemos de seus filhos,
mostrando à geração vindoura os louvo-
res do SENHOR, sua força e suas maravi-
lhas que ele tem feito.
5 Pois ele estabeleceu um testemu-
nho em Jacó, e estabeleceu uma lei em
Israel, a qual ele ordenou a nossos pais,
para que eles a tornassem conhecida a
seus filhos;
6 para que a geração vindoura *a* conhe-
cesse, *a saber*, os filhos *que* haveriam
de nascer, *que* deveriam se levantar e
declará-*la* a seus filhos;
7 para que pusessem a sua esperan-
ça em Deus e não se esquecessem das
obras de Deus, mas guardassem os seus
mandamentos;
8 e que não fossem como seus pais, uma
geração teimosa e rebelde; uma geração
que não agiu corretamente em seu cora-
ção e cujo espírito não foi fiel a Deus.
9 Os filhos de Efraim *estavam* arma-
dos *e* portando arcos, se voltaram no
dia da batalha.
10 Eles não guardaram a aliança de
Deus e se recusaram andar em sua lei;
11 e esqueceram-se das suas obras e
dos seus prodígios que ele lhes havia
anunciado.
12 Maravilhas fez ele aos olhos de seus
pais, na terra do Egito, *na* terra de Zoã.
13 Dividiu o mar, e os fez passar; e ele
fez as águas pararem como que amon-
toadas.
14 De dia também os guiou com uma
nuvem, e toda a noite com uma luz
de fogo.
15 Fendeu as rochas no deserto e
deu-*lhes* de beber como *das* grandes
profundezas.
16 Também fez brotar riachos da rocha,
e fez correr águas como rios.
17 E pecaram ainda mais contra ele,
provocando o Altíssimo no deserto.
18 E tentaram a Deus em seu cora-
ção, pedindo carne para satisfazer sua
concupiscência.
19 Sim, eles falaram contra Deus, eles
disseram: "Pode Deus preparar uma
mesa no deserto?
20 Eis que ele feriu a rocha, e dela bro-
taram águas, e transbordaram ribeiros;
ele pode dar pão também? Ele pode for-
necer carne para o seu povo?".
21 Portanto, o SENHOR ouviu *isto* e ficou
irado; então um fogo se acendeu contra
Jacó, e a ira também se levantou contra
Israel;
22 porque não creram em Deus, nem
confiaram na sua salvação;
23 ainda que do alto tivesse dado ordens
às nuvens, e aberto as portas do céu.
24 E fez chover maná sobre eles para
que comessem, e deu-lhes do trigo
do céu.
25 O homem comeu a comida dos anjos;
enviou-lhes carne em abundância.

26Fez soprar no céu um vento oriental;
e com o seu poder trouxe o vento sul.
27Também fez chover carne sobre eles
como pó, e aves emplumadas como a
areia do mar;
28e deixou-*as* cair no meio de seu
acampamento, ao redor de suas habi-
tações.
29Então comeram e se fartaram, por-
que ele lhes deu o que desejavam;
30eles não se afastaram de sua luxú-
ria. Mas enquanto a carne ainda *estava*
em suas bocas,
31a ira de Deus veio sobre eles, e matou
os mais gordos deles, e feriu os *homens*
escolhidos de Israel.
32Mesmo com isso tudo ainda peca-
ram, e não creram nas suas maravilhas.
33Portanto, seus dias ele consumiu em
vaidade, e seus anos em angústia.
34Quando ele os matava, então eles o
buscavam; e voltavam e perguntavam a
respeito de Deus.
35E eles se lembravam de que Deus
era a *sua* rocha, e o Deus altíssimo o
seu redentor.
36Não obstante, lisonjearam-no com a
boca e mentiram-lhe com a língua.
37Porque o coração deles não era reto
para com ele, nem foram eles fiéis à sua
aliança.
38Mas ele, *sendo* cheio de compaixão,
perdoou a iniquidade *deles* e não *os* des-
truiu; sim, muitas vezes desviou a sua ira
e não acendeu toda a sua cólera.
39Pois lembrou-se de que *eram apenas*
carne, um vento que passa e não volta
mais.
40Quantas vezes o provocaram no
deserto, *e* o afligiram no lugar desa-
bitado!
41Sim, voltaram atrás e tentaram a
Deus, e desprezaram o Santo de Israel.

E eles se lembravam de que Deus era a *sua* rocha, e o Deus altíssimo o seu redentor.

Salmos 78:35

42 Não se lembraram da sua mão, *nem* do dia em que os livrou do inimigo.

43 Como ele fez seus sinais no Egito, e suas maravilhas na terra de Zoã;

44 e transformou seus rios em sangue; e suas inundações, para que não pudessem beber.

45 Enviou entre eles várias espécies de moscas, que os devoraram; e rãs, que os destruíram.

46 Deu também a sua colheita à lagarta, e o seu trabalho ao gafanhoto.

47 Destruiu suas vinhas com granizo, e seus sicômoros com geada.

48 Ele também entregou o gado deles ao granizo, e seus rebanhos aos trovões.

49 Ele lançou sobre eles a ferocidade de sua ira, cólera e indignação, e angústia, enviando anjos maus *entre eles*.

50 Preparou um caminho para a sua ira; ele não poupou suas almas da morte, mas entregou suas vidas à pestilência.

51 E feriu todos os primogênitos no Egito; o chefe de *sua* força nos tabernáculos de Cam;

52 mas fez seu próprio povo sair como ovelhas e os guiou no deserto como um rebanho.

53 E ele os conduziu em segurança, de modo que não temeram; mas o mar subjugou seus inimigos.

54 E ele os trouxe até a fronteira de seu santuário, *até* esta montanha *que* sua destra havia comprado.

55 Expulsou também os gentios de diante deles, e repartiu-lhes uma herança por linhagem, e fez as tribos de Israel habitarem em suas tendas.

56 Contudo, tentaram e provocaram o Deus Altíssimo, e não guardaram os seus testemunhos;

57 mas voltaram atrás e procederam infielmente como seus pais, desviaram-se como um arco enganoso.

58 Porque o provocaram à ira com os seus altos, e o incitaram ao ciúme com as suas imagens esculpidas.

59 Quando Deus ouviu *isto*, ele ficou irado e abominou grandemente a Israel;

60 de modo que ele abandonou o tabernáculo de Siló, a tenda *que* ele colocou entre os homens;

61 e entregou a sua força ao cativeiro, e a sua glória nas mãos do inimigo.

62 Também entregou o seu povo à espada; e irou-se com a sua herança.

63 O fogo consumiu os seus jovens, e suas donzelas não foram dadas em casamento.

64 Seus sacerdotes caíram à espada, e suas viúvas não se lamentaram.

65 Então o SENHOR despertou como alguém que acorda, *e* como um poderoso que brada por causa do vinho.

66 E ele feriu seus inimigos nas partes posteriores, ele os colocou em uma reprovação perpétua.

67 Além disso, ele recusou o tabernáculo de José, e não escolheu a tribo de Efraim;

68 mas escolheu a tribo de Judá, o monte Sião que ele amava.

69 E ele construiu seu santuário como altos *palácios*, como a terra que ele estabeleceu para sempre.

70 Escolheu também a Davi, seu servo, e o tirou dos currais;

71 de seguir as ovelhas grandes com filhotes, ele o trouxe para alimentar Jacó, seu povo, e Israel sua herança.

72 Assim os alimentou segundo a integridade do seu coração, e os guiou com a habilidade de suas mãos.

Salmo com aroma de

HISTÓRIA

O salmo 78 exala o aroma da história da fidelidade de Deus. O salmista narra as maravilhas divinas e a rebeldia do povo, destacando a graça divina constante. Ele exorta as gerações futuras a aprenderem com os erros do passado e a confiarem em Deus. Este aroma de história nos lembra da importância de ensinar sobre as ações divinas. Ao compartilharmos as histórias da fidelidade do Senhor, inspiramos outros a confiarem nele. Que nossa vida exale o testemunho da fidelidade de Deus.

Salmo de Asafe.

79 Ó Deus, os pagãos chegaram à
tua herança; eles profanaram
teu santo templo; puseram Jerusalém
em montões.
2Os cadáveres dos teus servos deram
como pasto às aves do céu, e a carne dos
teus santos aos animais da terra.
3Derramaram seu sangue como água
ao redor de Jerusalém, e não *havia* quem
os enterrasse.
4Tornamo-nos opróbrio para os nossos vizinhos, escárnio e desprezo para
os que estão ao nosso redor.
5Até quando, SENHOR? Ficarás zanga-
do para sempre? Teu ciúme queimará
como fogo?
6Derrama a tua cólera sobre os gentios
que não te conhecem, e sobre os reinos
que não invocam o teu nome.

Até quando, SENHOR? Ficarás zangado para sempre? Teu ciúme queimará como fogo?

Salmos 79:5

7Pois devoraram a Jacó, e devastaram
a sua morada.
8Não te lembres das iniquidades anteriores contra nós;
9ajuda-nos, ó Deus da nossa salvação,
pela glória do teu nome; e livra-nos, e
perdoa os nossos pecados, por amor do
teu nome.
10Por que deveriam os pagãos dizer:
"Onde está o Deus deles?"; que ele seja
conhecido entre os pagãos à nossa vista
pela vingança do sangue de teus servos
que é derramado.
11Que chegue à tua presença o gemido do preso; de acordo com a grandeza
do teu poder preservas tu aqueles que
estão designados para morrer.
12E retribui aos nossos vizinhos sete
vezes mais em seu seio a reprovação com
que te injuriaram, ó SENHOR.
13Assim nós, teu povo e ovelhas do
teu pasto, te daremos graças para sempre; anunciaremos o teu louvor a todas
as gerações.

Salmo com aroma de

LAMENTAÇÃO

O salmo 79 exala o aroma da lamentação pela destruição e desolação. O salmista clama por misericórdia e ajuda divinas. Ele descreve a desolação de Jerusalém e pede que Deus intervenha e restaure seu povo. Este aroma de lamentação nos lembra que podemos derramar nosso coração diante dele. Ao buscarmos a intervenção divina, encontramos esperança e força. Que nossas súplicas exalem confiança na intervenção misericordiosa de Deus, inspirando outros a buscarem o seu consolo.

Para o músico-chefe sobre
Shoshanim-Edute, salmo de Asafe.

80 DÁ ouvidos, ó pastor de Israel, tu
que conduzes José como um rebanho; tu que habitas *entre* os querubins,
resplandece.
2Perante Efraim, Benjamim e
Manassés, desperta a tua força, *e* vem
salvar-nos.
3Faze-nos voltar, ó Deus, e faze
resplandecer o teu rosto; e seremos
salvos.
4Ó, SENHOR Deus dos Exércitos, até
quando te indignarás contra a oração
do teu povo?
5Tu os alimentas com o pão de lágrimas, e dá-lhes lágrimas para beber em
grande medida.
6Faze de nós uma contenda com os
nossos vizinhos, e os nossos inimigos
riem entre si.
7Faze-nos voltar novamente, ó Deus
dos Exércitos, e faze resplandecer o teu
rosto; e seremos salvos.
8Trouxeste uma videira do Egito,
expulsaste os gentios e a plantaste.
9Preparaste-lhe um *lugar*, e fizeste
com que lançasse profundas raízes, e
encheu a terra.
10As colinas foram cobertas com a sua
sombra, e os seus ramos *eram como* os
bons cedros.
11Ela estendeu os seus ramos até ao
mar, e os seus galhos até ao rio.

12 Por que *então* derrubaste as cercas
dela, de modo que todos os que passam
pelo caminho a colhem?
13 O javali do bosque a devasta, e as
feras do campo a devoram.
14 Volta, nós te rogamos, ó Deus dos
Exércitos; olha lá do céu, e vê, e visita
esta videira;
15 e a vinha que a tua destra plantou, e
o ramo *que* fortificaste para ti,
16 *estão* queimados no fogo, *estão* cor-
tados; perecem à repreensão do teu
semblante.
17 Seja a tua mão sobre o homem da tua
destra, sobre o filho do homem *que* for-
taleceste para ti.
18 Assim não nos afastaremos de ti;
vivifica-nos, e invocaremos o teu nome.
19 Faze-nos voltar novamente, ó
SENHOR Deus dos Exércitos, faze res-
plandecer o teu rosto; e seremos salvos.

Salmo com aroma de

RESTAURAÇÃO

O salmo 80 exala o aroma da restauração. O salmista clama pela renovação e restauração de Israel, confiando no poder redentor de Deus. Ele pede que o Senhor faça resplandecer seu rosto sobre o povo e os restaure. Este aroma de restauração nos inspira a buscar a renovação espiritual. Ao clamarmos por restauração, encontramos esperança e força. Que nossa oração nesse sentido exale esperança e fé no poder redentor de Deus, inspirando outros a buscarem a sua renovação.

Faze-nos voltar novamente, ó SENHOR Deus dos Exércitos, faze resplandecer o teu rosto; e seremos salvos.

Salmos 80:19

Para o músico-chefe em
Gitite, salmo de Asafe.

81 CANTAI em voz alta a Deus, nos-
sa força; fazei barulho de júbilo
ao Deus de Jacó.
2Tomai um salmo e trazei aqui o tam-
boril, a harpa agradável com o saltério.
3Tocai a trombeta na lua nova, no tem-
po determinado, em nosso dia de festa
solene.
4Pois este *era* um estatuto para Israel
e uma lei do Deus de Jacó.
5Isto ele ordenou em José *por* teste-
munho, quando ele saiu pela terra do
Egito, *onde* eu ouvi uma língua *que* não
entendia.
6Eu removi do seu ombro o fardo, suas
mãos foram libertadas dos potes.
7Na angústia clamaste, e eu te livrei; eu
te respondi no lugar secreto do trovão,
eu te provei nas águas de Meribá. SELÁ.
8Ouve, ó povo meu, e eu te testificarei,
ó Israel, se me ouvires;
9não haverá deus estranho em ti; nem
adorarás nenhum deus estranho.
10Eu *sou* o SENHOR teu Deus, que te tirei
da terra do Egito; abre bem a tua boca,
e eu a encherei.
11Mas o meu povo não quis ouvir a
minha voz; e Israel não quis nada de
mim.
12Assim os entreguei à concupiscência
de seus próprios corações, *e* eles anda-
ram em seus próprios desígnios.
13Ó, se meu povo me tivesse ouvi-
do, *e* Israel tivesse andado em meus
caminhos!
14Em breve eu teria subjugado seus ini-
migos e virado minha mão contra seus
adversários.
15Os que odeiam o SENHOR deveriam
ter-se submetido a ele, mas o tempo
deles duraria para sempre.
16Devia tê-los alimentado também com
o melhor do trigo, e com o mel da rocha
eu te teria saciado.

Salmo com aroma de

EXORTAÇÃO

O salmo 81 exala o aroma da exortação à obediência. Deus chama seu povo a ouvir e seguir seus caminhos, prometendo bênçãos em troca. O salmista lembra os feitos divinos e exorta o povo a abandonar a idolatria. Este aroma de exortação nos lembra da importância da obediência ao Senhor. Ao seguirmos os seus caminhos, encontramos bênçãos e proteção. Que nossa vida exale submissão e fidelidade à vontade de Deus, inspirando outros a obedecerem-no.

Salmo de Asafe.

82 DEUS está na congregação dos
poderosos; ele julga entre os
deuses.
2Até quando julgareis injustamen-
te e aceitareis as pessoas dos ímpios?
SELÁ.
3Defendei o pobre e o órfão, fazei jus-
tiça ao aflito e ao necessitado.
4Livrai os pobres e os necessitados,
livrai-*os* das mãos dos ímpios.
5Eles não sabem, nem entendem, eles
andam nas trevas; todos os fundamentos
da terra estão fora de seu curso.
6Eu disse: Vós *sois* deuses; e todos vós
sois filhos do Altíssimo.

7Mas morrereis como homens, e caireis como um dos príncipes.
8Levanta-te, ó Deus, julga a terra, porque herdarás todas as nações.

Salmo com aroma de

JUSTIÇA

O salmo 82 exala o aroma da justiça divina. Deus julga os líderes injustos, chamando-os a defender os fracos e necessitados. O salmista descreve a responsabilidade dos juízes de agir com equidade e justiça. Este aroma de justiça nos lembra da responsabilidade de agir com integridade. Ao buscarmos a justiça divina, exalamos esperança e retidão. Que nossas ações exalem o compromisso com a justiça e a equidade, inspirando outros a viverem de acordo com os princípios de Deus.

Cântico ou salmo de Asafe.

83 NÃO te cales, ó Deus; não te cales, e não fiques imóvel, ó Deus.
2Pois eis que os teus inimigos se alvoroçam, e os que te odeiam levantam a cabeça.
3Eles tramam astutamente contra o teu povo, e consultam contra os teus protegidos.
4Disseram: "Vinde, e exterminemo-los para que não *sejam* uma nação; para que o nome de Israel não seja mais lembrado".
5Pois eles consultaram juntos com um consentimento, eles são confederados contra ti.

Não te cales, ó Deus; não te cales, e não fiques imóvel, ó Deus.

Salmos 83:1

[6]Os tabernáculos de Edom e os ismaelitas; de Moabe e dos agarenos;
[7]Gebal, Amom e Amaleque; os filisteus com os habitantes de Tiro;
[8]Assur também se juntou a eles, eles acolheram os filhos de Ló. SELÁ.
[9]Fazei-lhes como *aos* midianitas; como *a* Sísera, como *a* Jabim, no riacho de Quisom,
[10]*os quais* pereceram em En-Dor, tornaram-se *como* esterco para a terra.
[11]Faça a seus nobres como a Orebe e como a Zeebe; sim, todos os seus príncipes como Zebá e como Salmuna;
[12]os quais disseram: "Tomemos para nós as casas de Deus em possessão".
[13]Ó meu Deus, faze-os como uma roda; como a palha diante do vento.
[14]Como o fogo queima a lenha, e como a chama incendeia os montes;
[15]persegue-os, pois, com a tua tempestade, e assusta-os com a tua tormenta.
[16]Encha-lhes o rosto de vergonha; para que busquem o teu nome, ó SENHOR.
[17]Sejam confundidos e perturbados para sempre; sim, sejam envergonhados e pereçam;
[18]para que os *homens* saibam que tu, cujo único nome *é* SENHOR, *és* o Altíssimo sobre toda a terra.

Salmo com aroma de

JUSTIÇA

O salmo 83 exala o aroma da justiça divina em meio à adversidade. O salmista clama por intervenção contra os inimigos de Israel, pedindo que Deus os confunda e os destrua. Ele confia que Deus defenderá seu povo e julgará os inimigos. Este aroma de justiça nos lembra que Ele luta por seu povo. Ao confiarmos na justiça divina, encontramos esperança e força. Que nossa confiança na justiça de Deus exale segurança e coragem, inspirando outros a confiarem nele.

Ao músico-chefe em Gitite, salmo para os filhos de Corá.

84 QUÃO amáveis *são* os teus tabernáculos, ó SENHOR dos Exércitos!
[2]A minha alma anela, sim, até desfalece pelos átrios do SENHOR; o meu coração e a minha carne clamam pelo Deus vivo.
[3]Sim, o pardal encontrou uma casa e a andorinha um ninho para si, onde pode colocar seus filhotes, *a saber*, teus altares, ó SENHOR dos Exércitos, meu Rei e meu Deus.
[4]Bem-aventurados *são* os que habitam em tua casa, eles ainda te louvarão. SELÁ.
[5]Bem-aventurado *é* o homem cuja força *está* em ti; em cujo coração *estão* os caminhos *deles*.
[6]*Quem* passa pelo vale de Baca faz dele um poço; a chuva também enche as lagoas.
[7]Eles vão de força em força, *cada um deles* em Sião aparece diante de Deus.
[8]Ó SENHOR Deus dos Exércitos, ouve a minha oração; dá ouvidos, ó Deus de Jacó. SELÁ.
[9]Contempla, ó Deus, escudo nosso, e vê a face do teu ungido.
[10]Pois um dia nos teus átrios é melhor do que mil. Prefiro ser porteiro na casa do meu Deus, do que habitar nas tendas da impiedade.

[11]Porque o SENHOR Deus *é* sol e escudo,
o SENHOR dará graça e glória; nenhum
bem sonegará aos que andam retamente.
[12]Ó SENHOR dos Exércitos, bem-
-aventurado *é* o homem que em ti confia.

Salmo com aroma de

ANSEIO

O salmo 84 exala o aroma do anseio pela presença divina. O salmista expressa sua alegria em estar na casa de Deus, desejando comunhão constante. Ele declara que um dia nos átrios do Senhor é melhor do que mil em qualquer outro lugar. Este aroma de anseio nos convida a buscar a intimidade com Ele. Ao desejarmos a presença do Senhor, encontramos satisfação e alegria. Que nossa busca por Deus exale um desejo profundo de comunhão, inspirando outros a buscarem-no.

Para o músico-chefe, salmo para os filhos de Corá.

85 SENHOR, tens favorecido a tua ter-
ra; trouxeste de volta os cativos
de Jacó.
[2]Perdoaste a iniquidade do teu povo,
cobriste todos os seus pecados. SELÁ.
[3]Desviaste todo o teu furor; *te* desvias-
te do furor da tua ira.
[4]Converte-nos, ó Deus da nossa sal-
vação, e faz cessar a tua ira contra nós.
[5]Estarás irado conosco para sem-
pre? Estenderás a tua ira a todas as
gerações?

Ó SENHOR dos Exércitos, bem-aventurado é o homem que em ti confia.
Salmos 84:12

⁶Não nos vivificarás de novo, para que
o teu povo se regozije em ti?
⁷Mostra-nos a tua misericórdia, ó
SENHOR, e concede-nos a tua salvação.
⁸Eu ouvirei o que Deus, o SENHOR,
falará; porque ele falará de paz ao seu
povo e aos seus santos, para que eles não
voltem à loucura.
⁹Certamente a sua salvação está per-
to daqueles que o temem; que a glória
habite em nossa terra.
¹⁰A misericórdia e a verdade se encon-
tram; a justiça e a paz *se* beijaram.
¹¹A verdade brotará da terra, e a jus-
tiça olhará do céu.
¹²Sim, o SENHOR dará *o que é* bom, e
nossa terra produzirá seu produto.
¹³A justiça irá adiante dele, e *nos* porá
no caminho de seus passos.

Salmo com aroma de

RESTAURAÇÃO

O salmo 85 exala o aroma da restauração e da paz. O salmista clama por elas, confiando na misericórdia divina. Ele pede que Deus restaure a sorte de Israel e traga paz ao povo. Este aroma de restauração nos lembra que Ele é capaz de renovar e restaurar. Ao buscarmos a restauração divina, encontramos esperança e força. Que nossa esperança na restauração de Deus exale fé e gratidão, inspirando outros a confiarem na sua capacidade de renovar suas vidas.

Oração de Davi.

86 INCLINA os teus ouvidos, ó
SENHOR, ouve-me, porque *sou*
pobre e necessitado.
²Preserva a minha alma, porque eu *sou*
santo. Ó meu Deus, salva o teu servo que
em ti confia.
³Tem misericórdia de mim, ó SENHOR,
porque clamo a ti todos os dias.
⁴Alegra a alma do teu servo, porque a
ti, SENHOR, elevo a minha alma.
⁵Pois tu, SENHOR, *és* bom e pronto a
perdoar; e abundante em misericórdia
para com todos os que te invocam.
⁶Dá ouvidos, ó SENHOR, à minha ora-
ção, e atende à voz das minhas súplicas.
⁷No dia da minha angústia eu invoca-
rei a ti, porque tu me responderás.
⁸Entre os deuses não *há* nenhum seme-
lhante a ti, ó SENHOR; nem *há obras* como
as tuas obras.
⁹Todas as nações que fizeste virão e
se prostrarão diante de ti, ó SENHOR; e
glorificarão o teu nome.
¹⁰Pois tu *és* grande e fazes maravilhas;
só tu *és* Deus.
¹¹Ensina-me o teu caminho, SENHOR;
eu andarei na tua verdade, une o meu
coração para temer o teu nome.
¹²Eu te louvarei, SENHOR meu Deus, de
todo o meu coração, e glorificarei o teu
nome para sempre.
¹³Porque grande *é* a tua misericórdia
para comigo; e livraste a minha alma do
inferno mais profundo.
¹⁴Ó Deus, os soberbos se levantaram
contra mim, e as assembleias de *homens*
violentos buscam a minha alma; e não te
puseram diante deles.
¹⁵Mas tu, ó SENHOR, *és* um Deus com-
passivo e misericordioso, longânimo e
grande em misericórdia e verdade.

16Volta-te para mim e tem misericór-
dia de mim; dá a tua força ao teu servo,
e salva o filho da tua serva.
17Mostra-me um sinal para o bem, para
que *o* vejam os que me odeiam e se enver-
gonhem, porque tu, SENHOR, me ajudaste
e me consolaste.

Salmo com aroma de

MISERICÓRDIA

O salmo 86 exala o aroma da misericórdia divina. O salmista clama por compaixão e ajuda, confiando na bondade de Deus, pedindo que Ele ouça suas orações e o ajude em sua aflição. Este aroma de misericórdia nos lembra que o Senhor ouve e responde nossas súplicas. Ao buscarmos a misericórdia divina, encontramos alívio e paz. Que nossa oração exale confiança na misericórdia infinita de Deus, inspirando outros a buscarem o seu consolo e a sua ajuda.

Salmo ou cântico para os filhos de Corá.

87 SEU fundamento *está* nas monta-
nhas sagradas.
2O SENHOR ama as portas de Sião mais
do que todas as moradas de Jacó.
3Coisas gloriosas são faladas acerca de
ti, ó cidade de Deus. SELÁ.
4Farei menção de Raabe e de Babilônia
aos que me conhecem; eis a Filístia, e
Tiro, com a Etiópia; este *homem* nas-
ceu lá.
5E de Sião se dirá: Este e aquele homem
nasceram nela; e o próprio Altíssimo a
estabelecerá.

Volta-te para mim e tem misericórdia de mim; dá a tua força ao teu servo, e salva o filho da tua serva.

Salmos 86:17

6Contará o SENHOR, quando descrever
o povo, *que* este *homem* nasceu ali. SELÁ.
7Tanto os cantores como os tocado-
res de instrumentos *estarão lá*; todas
as minhas fontes *estão* em ti.

Salmo com aroma de

SIÃO

O salmo 87 exala o aroma de Sião, a cidade amada de Deus. O salmista celebra a importância de Sião, destacando sua eleição divina. Ele declara que o Senhor ama as portas de Sião mais do que todas as habitações de Jacó. Este aroma de Sião nos lembra do amor de Deus por seu povo. Ao celebrarmos a importância de Sião, exalamos louvor e gratidão. Que nossa adoração exale louvor pela escolha e cuidado divino, inspirando outros a reconhecerem a importância da cidade de Deus.

Cântico ou salmo para os filhos de Corá, para o músico-chefe em Maalate Leanote, Masquil de Hemã, o ezraíta.

88 Ó SENHOR, Deus da minha salva-
ção, clamo dia *e* noite diante de ti.
2Chegue à tua presença a minha oração,
inclina os teus ouvidos ao meu clamor;
3porque a minha alma está cheia de
angústias, e a minha vida aproxima-se
da sepultura.
4Estou contado com os que descem à
cova; sou como um homem *que* não *tem*
forças;
5livre entre os mortos, como os mortos
que jazem na sepultura, dos quais já não
te lembras, e foram cortados da tua mão.
6Puseste-me na cova mais baixa, nas
trevas, nas profundezas.
7A tua ira pesa sobre mim, e tu *me* afli-
giste com todas as tuas ondas. SELÁ.
8Afastaste de mim os meus conheci-
dos, fizeste-me uma abominação para
eles; eu *estou* confinado e não posso sair.
9Meus olhos choram por causa da afli-
ção, SENHOR, eu te invoquei diariamente,
estendi minhas mãos para ti.
10Mostrarás maravilhas aos mortos? Os
mortos se levantarão *e* te louvarão? SELÁ.
11Porventura a tua benignidade será
declarada na sepultura? *Ou* tua fidelida-
de na destruição?
12Serão as tuas maravilhas conhecidas
na escuridão? E tua justiça na terra do
esquecimento?
13Mas a ti clamei, ó SENHOR; e pela
manhã a minha oração te esperará.
14SENHOR, por que rejeitas a minha
alma? *Por que* escondes teu rosto de mim?
15*Estou* aflito e prestes a morrer desde
a *minha* juventude; *enquanto* eu sofrer os
teus terrores, estarei perturbado.
16O furor da tua ira está sobre mim,
teus pavores me destruíram.
17Diariamente rodeavam-me como
água, eles me cercaram juntos.
18Amigos e companheiros puseste
longe de mim, *e* os meus conhecidos
nas trevas.

Salmo com aroma de

DESESPERO

O salmo 88 exala o aroma do desespero profundo. O salmista clama em meio à escuridão, sem encontrar alívio imediato. Ele descreve sua aflição e sente que Deus está distante. Este aroma de desespero nos lembra que Ele está conosco mesmo na mais profunda angústia. Ao derramarmos nossos corações diante dele, encontramos consolo e força. Que nossa confiança no Senhor exale esperança, mesmo em tempos de desespero, inspirando outros a buscarem-no em suas aflições.

Masquil de Etã, o ezraíta.

89 CANTAREI para sempre as mise-
ricórdias do SENHOR; com a minha
boca anunciarei a tua fidelidade a todas
as gerações.
2 Porque eu disse: A misericórdia será
edificada para sempre; a tua fidelidade
estabelecerás até nos céus.
3 Fiz aliança com o meu escolhido, jurei
a Davi, meu servo,
4 a tua descendência estabelecerei para
sempre, e edificarei o teu trono de gera-
ção em geração. SELÁ.
5 E os céus louvarão as tuas maravi-
lhas, ó SENHOR; a tua fidelidade também
na congregação dos santos.
6 Pois quem no céu pode ser compa-
rado ao SENHOR? *Quem* entre os filhos
dos poderosos pode ser comparado
ao SENHOR?
7 Deus deve ser muito temido na
assembleia dos santos e reverenciado
por todos *os que estão* ao seu redor.
8 Ó SENHOR, Deus dos Exércitos, quem
é forte como tu, SENHOR? Ou tua fideli-
dade ao teu redor?
9 Tu dominas a fúria do mar, quando se
levantam as suas ondas, tu as acalmas.
10 Tu quebrantaste Raabe em pedaços,
como alguém que foi morto; dispersaste
os teus inimigos com o teu braço forte.

Deus deve ser muito temido na assembleia dos santos e reverenciado por todos os que estão ao seu redor.

Salmos 89:7

11 Os céus *são* teus, a terra também é
tua; *quanto* ao mundo e a sua plenitude,
tu os fundaste.
12 O norte e o sul tu os criaste; Tabor
e Hermom se alegrarão em teu nome.
13 Tens braço poderoso; forte é a tua
mão, *e* alta é a tua destra.
14 A justiça e o juízo *são* a habitação
do teu trono; a misericórdia e a verda-
de irão adiante da tua face.
15 Bem-aventurado *é* o povo que conhe-
ce o som alegre; eles andarão, ó SENHOR,
na luz da tua face.
16 Em teu nome se alegrarão o dia todo,
e em tua justiça serão exaltados.
17 Pois tu *és* a glória de sua força; e em
teu favor nosso poder será exaltado.
18 Porque o SENHOR *é* a nossa defesa, e
o Santo de Israel *é* o nosso rei.
19 Então falaste em visão ao teu san-
to, e disseste: "Pus o socorro sobre *um*
que é poderoso. Eu exaltei *um* escolhi-
do do povo.
20 Encontrei meu servo Davi, com meu
santo óleo o ungi.
21 Com quem minha mão será estabe-
lecida, meu braço também o fortalecerá.
22 O inimigo não exigirá dele; nem o
filho da perversidade o afligirá.
23 E derrotarei seus inimigos diante
de sua face, e castigarei aqueles que o
odeiam.
24 Mas a minha fidelidade e a minha
misericórdia *estarão* com ele; e em meu
nome será exaltado o seu poder.
25 Também porei a sua mão no mar, e
a sua destra nos rios.
26 Ele clama a mim: 'Tu *és* meu pai, meu
Deus, e a rocha da minha salvação'.
27 Também o farei *meu* primogênito,
superior aos reis da terra.
28 A minha misericórdia manterei por
ele para sempre, e a minha aliança com
ele permanecerá firme.
29 Também farei *durar* para sempre a
sua semente, e o seu trono como os dias
do céu.
30 Se seus filhos abandonarem minha
lei e não andarem em meus juízos;
31 se violarem os meus estatutos e não
guardarem os meus mandamentos;
32 então visitarei com vara a sua
transgressão, e com açoites a sua ini-
quidade.
33 No entanto, não retirarei totalmente
deles a minha benignidade, nem permi-
tirei que a minha fidelidade falte.
34 Não quebrarei a minha aliança, nem
alterarei aquilo que saiu dos meus lábios.
35 Uma vez jurei por minha santidade
que não mentirei a Davi.
36 Sua semente durará para sempre,
e seu trono como o sol diante de mim.
37 Será estabelecido para sempre como
a lua e *como* uma testemunha fiel no
céu". SELÁ.
38 Mas tu rejeitaste e abominaste, tu
te iraste contra o teu ungido.
39 Anulaste a aliança do teu servo; pro-
fanaste a sua coroa, *lançando-a* por terra.
40 Derrubaste todas as suas cercas;
arruinaste as suas fortalezas.
41 Todos os que passam pelo caminho
o despojam; ele é opróbrio para os seus
vizinhos.
42 Levantaste a destra dos seus adver-
sários; fizeste com que todos os seus ini-
migos se regozijassem.
43 Também desviaste o fio da sua espa-
da, e não o fizeste resistir na batalha.
44 Fizeste cessar a sua glória, e lanças-
te por terra o seu trono.
45 Abreviaste os dias da sua mocidade;
cobriste-o de vergonha. SELÁ.
46 Até quando, SENHOR? Esconder-
te-ás para sempre? Tua ira queimará
como fogo?

47Lembra-te de quão curto é o meu
tempo; por que fizeste todos os homens
em vão?
48Qual *é o* homem *que* vive e não verá
a morte? Livrará ele a sua alma da mão
da sepultura? SELÁ.
49SENHOR, onde *estão* as tuas antigas
benignidades, *que* juraste a Davi na tua
verdade?
50Lembra-te, SENHOR, do opróbrio dos
teus servos; *como* carrego em meu pei-
to *o opróbrio de* todo o povo poderoso;
51com o que os teus inimigos têm
afrontado, ó SENHOR, com que censu-
raram os passos do teu ungido.
52Bendito *seja* o SENHOR para sempre.
Amém e amém.

Salmo com aroma de

FIDELIDADE

O salmo 89 exala o aroma da fidelidade eterna de Deus. O salmista celebra as promessas e a aliança com Davi, confiando na fidelidade divina. Ele descreve as obras maravilhosas do Senhor e sua justiça eterna. Este aroma de fidelidade nos lembra que Ele é constante e verdadeiro. Ao confiarmos na fidelidade de Deus, encontramos esperança e segurança. Que nossa fé exale confiança na sua fidelidade imutável, inspirando outros a confiarem nele.

Bendito *seja* o SENHOR para sempre. Amém e amém.

Salmos 89:52

QUARTO LIVRO

Salmos 90 a 106

INTRODUÇÃO AOS SALMOS 90—106

O aroma da eternidade e da soberania

OS SALMOS 90 A 106 formam a quarta divisão do Livro de Salmos, destacando a eternidade e a soberania de Deus. Este bloco exala um aroma profundo de reverência e confiança na imutabilidade e no poder supremo do Senhor. Os cânticos e orações desta seção exploram a relação do ser humano com o Deus eterno, cuja presença e ações transcendem o tempo e a compreensão humana.

O salmo 90, atribuído a Moisés, abre esta seção com uma meditação sobre a eternidade de Deus e a fragilidade da vida humana. Este contraste entre a eternidade divina e a transitoriedade humana é um tema recorrente. O aroma da eternidade permeia os cânticos, lembrando-nos que, apesar das nossas limitações, estamos sob o cuidado de um Deus que é eterno e imutável. A oração por sabedoria e a busca por significado na breve existência terrena refletem um profundo desejo de alicerçar a vida na eternidade de Deus.

A soberania divina é exalada de forma marcante nos cânticos que celebram o reinado divino. Salmos como o 93, 95 e 99 exaltam o Senhor como Rei sobre toda a criação, destacando sua justiça, poder e majestade. Este aroma de soberania convida os fiéis a uma adoração plena, reconhecendo que Deus governa sobre todas as nações e acontecimentos. A confiança na justiça de Deus, mesmo diante da maldade e da opressão, reforça a esperança de que o bem prevalecerá sob o seu governo.

A natureza do louvor também é um tema proeminente. Os salmistas chamam o povo a louvar e adorar a Deus com júbilo, celebrando suas obras maravilhosas e seu amor constante. O aroma do louvor é intenso, permeando os cânticos com um espírito de gratidão e celebração pela bondade e fidelidade divina. Estes momentos de adoração coletiva fortalecem a comunidade de fé, lembrando a todos da grandeza do Senhor.

A confiança na proteção e no cuidado divino é outro aroma presente. Em meio às adversidades e desafios, os salmistas expressam uma fé inabalável na capacidade de Deus de salvar e proteger seu povo. Essa confiança surge do reconhecimento da soberania e eternidade divinas, por sabermos que o Senhor é um refúgio seguro em todas as circunstâncias.

A reflexão sobre a justiça de Deus e a esperança na sua intervenção também estão presentes. Os salmistas clamam por justiça, confiando que o Senhor não desamparará os justos e trará julgamento sobre os ímpios. Este aroma de justiça reforça a confiança na integridade de Deus, incentivando os fiéis a viverem de acordo com seus mandamentos.

Em suma, os salmos 90 a 106 oferecem uma visão enriquecedora da eternidade e da soberania de Deus. Este bloco convida os leitores a reconhecer a grandeza de Deus, a confiar na sua justiça e proteção e a viver uma vida de louvor e adoração contínua. Cada salmo exala um aroma que eleva a alma, inspirando uma fé profunda e um compromisso renovado com o Deus eterno e soberano.

QUARTO LIVRO
(Salmos 90 a 106)

Oração de Moisés, o homem de Deus.

90 SENHOR, tu tens sido a nossa
morada de geração em geração.
2 Antes que as montanhas surgissem,
ou que tu formasses a terra e o mundo, sim, de eternidade a eternidade, tu *és* Deus.
3 Tu reduzes o homem à destruição; e dizes: "Voltai, vós filhos dos homens".
4 Pois mil anos aos teus olhos *são apenas* como o dia de ontem quando já passou, e *como* uma vigília na noite.
5 Tu os levas como uma inundação; são *como* um sono, pela manhã *eles são* como a erva *que* cresce.
6 Pela manhã floresce e cresce, à tarde é cortada e seca.
7 Pois somos consumidos pela tua ira, e pelo teu furor somos atribulados.
8 Diante de ti puseste as nossas iniquidades, os nossos *pecados* secretos à luz do teu rosto.
9 Pois todos os nossos dias se passam na tua cólera; passamos os nossos anos como um conto *que é contado*.
10 A duração da nossa vida *é* de setenta anos; e se por causa da força *eles chegam a* oitenta anos, ainda assim sua força *é* trabalho e tristeza; pois logo passam e voamos para longe.
11 Quem conhece o poder da tua ira? Mesmo de acordo com o teu temor, *assim é* a tua ira.
12 Ensina-*nos*, pois, a contar os nossos dias, para que possamos aplicar o *nosso* coração à sabedoria.
13 Volta, ó SENHOR, até quando? E arrepende-te em relação aos teus servos.
14 Sacia-nos de madrugada com a tua misericórdia, para que possamos nos alegrar e nos alegrar todos os nossos dias.
15 Alegra-nos pelos dias *em que* nos afligiste *e* pelos anos *em que* vimos o mal.
16 Que as tuas obras apareçam aos teus servos, e a tua glória a seus filhos.
17 E seja sobre nós a formosura do SENHOR nosso Deus; e confirma sobre nós a obra das nossas mãos; sim, estabelece o trabalho de nossas mãos.

Salmo com aroma de

ETERNIDADE

O salmo 90 exala o aroma da eternidade divina. Moisés, o autor, reflete sobre a brevidade da vida humana em contraste com a eternidade de Deus. Ele clama por sua misericórdia misericórdia e sabedoria para viver dias significativos. Este aroma de eternidade nos lembra que, apesar da transitoriedade da nossa vida, o Senhor é eterno e soberano. Ao confiarmos nele, encontramos propósito e direção. Que nossa vida exale o aroma da eternidade, inspirando outros a buscar sabedoria e propósito em Deus.

91 AQUELE que habita no lugar secreto do Altíssimo, à sombra do Onipotente descansará.

2Direi do SENHOR: *Ele é* o meu refúgio e a minha fortaleza, o meu Deus; nele confiarei.

3Certamente ele te livrará do laço do passarinheiro, *e* da peste perniciosa.

4Ele te cobrirá com as suas penas, e debaixo das suas asas estarás seguro; a sua verdade *será o teu* escudo e broquel.

5Não terás medo do terror noturno, *nem* da flecha *que* voa de dia;

6*nem* da peste *que* anda nas trevas, *nem* da destruição *que* assola ao meio-dia.

7Mil cairão ao teu lado, e dez mil à tua direita; *mas* isso não chegará perto de ti.

8Somente com os teus olhos contemplarás e verás a recompensa dos ímpios.

9Porque tu fizeste do SENHOR, *que é* o meu refúgio, *a saber*, o Altíssimo, a tua habitação;

10nenhum mal te sucederá, nem praga alguma chegará à tua tenda.

11Porque aos seus anjos dará ordem a teu respeito, para te guardarem em todos os teus caminhos.

12Eles te sustentarão em *suas* mãos, para que não tropeces em alguma pedra.

13Pisarás o leão e a víbora; pisarás aos pés o filho do leão e o dragão.

14Porque ele me amou, eu o livrarei; eu o colocarei num lugar alto, porque conheceu o meu nome.

15Ele me invocará, e eu lhe responderei; *estarei* com ele na angústia; eu o livrarei e o honrarei.

16Com longa vida o satisfarei, e lhe mostrarei a minha salvação.

Direi do SENHOR: *Ele é* o meu refúgio e a minha fortaleza, o meu Deus; nele confiarei.

Salmos 91:2

Salmo com aroma de

PROTEÇÃO

O salmo 91 exala o aroma da proteção divina. O salmista descreve a segurança encontrada ao habitar no esconderijo do Altíssimo e confiar em sua proteção. Ele declara que Deus é nosso refúgio e fortaleza, livrando-nos do perigo. Este aroma de proteção nos conforta, lembrando-nos que Ele é nosso defensor e escudo. Ao confiarmos na sua proteção, exalamos segurança e paz. Que nossa confiança na proteção divina inspire outros a buscar abrigo e segurança em Deus.

Salmo ou cântico para o dia de sábado.

92 BOA *coisa é* render graças ao
SENHOR e cantar louvores ao teu
nome, ó Altíssimo.
2Para mostrar pela manhã a tua benig-
nidade, e a cada noite a tua fidelidade,
3sobre um instrumento de dez cordas
e sobre o saltério; sobre a harpa com um
som solene.
4Pois tu, SENHOR, me alegraste com
as tuas obras; triunfarei nas obras das
tuas mãos.
5Ó SENHOR, quão grandes são as tuas
obras! *E* teus pensamentos são muito
profundos.
6Um homem bruto não sabe, nem o
tolo entende isso.
7Quando os ímpios brotarem como a
erva, e quando florescerem todos os que
praticam a iniquidade, *é que* eles serão
destruídos para sempre.
8Mas tu, SENHOR, *és o* Altíssimo para
sempre.
9Pois eis que teus inimigos, ó SENHOR,
pois eis que teus inimigos perecerão;
todos os que praticam a iniquidade serão
dispersos.
10Mas a minha força exaltarás como
o poder de um unicórnio; serei ungido
com óleo fresco.
11Meus olhos também verão *meu dese-*
jo sobre meus inimigos, *e* meus ouvidos
ouvirão *meu desejo* dos ímpios que se
levantam contra mim.
12O justo florescerá como a palmeira,
crescerá como o cedro no Líbano.
13Os que estão plantados na casa
do SENHOR florescerão nos átrios do
nosso Deus.
14Ainda darão fruto na velhice; serão
viçosos e florescentes;
15para mostrar que o SENHOR *é* reto;
ele é a minha rocha, e nele não *há*
injustiça.

Salmo com aroma de

LOUVOR

O salmo 92 exala o aroma do louvor pela bondade de Deus. Este cântico celebra as obras maravilhosas do Senhor e exalta sua fidelidade e justiça. O salmista o louva pelo seu amor e misericórdia, reconhecendo sua grandeza. Este aroma de louvor nos convida a agradecer e exaltar a Deus por suas bênçãos. Ao louvá-lo exalamos gratidão e alegria. Que nossa vida reflita o louvor ao Senhor, inspirando outros a reconhecerem e celebrarem a sua bondade.

93 O SENHOR reina, ele está vesti-
do de majestade; o SENHOR está
revestido de força *com a* qual se cingiu;
o mundo também está firme, de modo
que não pode ser abalado.
²Teu trono *está* estabelecido desde a
antiguidade, tu *és* desde a eternidade.
³As inundações levantaram, ó SENHOR,
as inundações levantaram a sua voz; as
inundações levantam suas ondas.
⁴O SENHOR nas alturas *é* mais pode-
roso do que o barulho de muitas águas,
sim, do que as poderosas ondas do mar.
⁵Mui fiéis são os teus testemunhos; a
santidade convém à tua casa, SENHOR,
para sempre.

Salmo com aroma de

MAJESTADE

O salmo 93 exala o aroma da majestade de Deus. O salmista descreve o Senhor como um rei poderoso e majestoso, exaltando sua soberania sobre toda a criação. Ele declara que Deus é revestido de majestade e força, estabelecendo seu trono eternamente. Este aroma de majestade nos lembra da sua grandeza e poder. Ao reconhecermos a majestade do Senhor, exalamos reverência e adoração. Que nossa adoração reflita a sua majestade,

O SENHOR nas alturas é mais poderoso do que o barulho de muitas águas, *sim, do que* as poderosas ondas do mar.

Salmos 93:4

inspirando outros a reconhecerem a sua soberania.

94 Ó, Senhor Deus, a quem pertence a vingança; ó Deus, a quem pertence a vingança, mostra-te.

2 Ergue-te, tu juiz da terra; dá uma recompensa aos soberbos.

3 Senhor, até quando os ímpios, até quando os ímpios triunfarão?

4 *Até quando* proferirão *e* falarão coisas duras? *E* todos os que praticam a iniquidade se vangloriarão?

5 Eles despedaçam o teu povo, ó Senhor, e afligem a tua herança.

6 Matam a viúva e o estrangeiro, e assassinam o órfão.

7 No entanto, eles dizem: "O Senhor não verá, nem o Deus de Jacó dará atenção a *isso*".

8 Entendei, embrutecidos entre o povo; e *vós*, insensatos, quando sereis sábios?

9 Aquele que fez os ouvidos, não ouvirá? Aquele que formou o olho, não verá?

10 Aquele que castiga os gentios, não corrigirá? Aquele que ensina conhecimento ao homem, *não o saberá*?

11 O Senhor conhece os pensamentos do homem, que *são* vaidade.

12 Bem-aventurado *é* o homem a quem tu castigas, ó Senhor, e a quem ensinas a tua lei;

13 para que lhe dês descanso dos dias da adversidade, até que se abra a cova para os ímpios.

14 Porque o Senhor não rejeitará o seu povo, nem desamparará a sua herança.

15 Mas o juízo se converterá em justiça, e todos os retos de coração o seguirão.

16 Quem se levantará por mim contra os malfeitores? *Ou* quem se levantará por mim contra os que praticam a iniquidade?

17 A menos que o Senhor *tivesse sido* minha ajuda, minha alma teria quase habitado no silêncio.

18 Quando eu disse: Meu pé resvalou; a tua misericórdia, ó Senhor, me sustentou.

19 Na multidão dos meus pensamentos dentro de mim, as tuas consolações deleitam a minha alma.

20 Terá comunhão contigo o trono da iniquidade, que trama o mal por meio de uma lei?

21 Ajuntam-se contra a alma do justo, e condenam o sangue inocente.

22 Mas o Senhor é a minha defesa; e o meu Deus *é* a rocha do meu refúgio.

23 E trará sobre eles a sua própria iniquidade, e os exterminará na sua própria impiedade; *sim*, o Senhor nosso Deus os exterminará.

Salmo com aroma de

JUSTIÇA

O salmo 94 exala o aroma da justiça divina. O salmista clama por justiça contra os opressores, confiando que o Senhor é um juiz justo que não permitirá que os ímpios triunfem para sempre. Ele declara que Deus conhece os pensamentos dos homens e trará justiça. Este aroma de justiça nos lembra que Ele vê todas as coisas e julgará com retidão. Ao confiarmos na justiça divina, exalamos esperança e fé. Que nossa vida reflita a confiança na justiça de Deus, inspirando outros a buscar a retidão.

95 VINDE, cantemos ao SENHOR façamos um som jubiloso à rocha da
nossa salvação.
2 Apresentemo-nos perante a sua pre-
sença com ações de graças e cantemos a
ele alegremente com salmos.
3 Pois o SENHOR *é* um grande Deus, e
um grande Rei acima de todos os deuses.
4 Em sua mão *estão* as profundezas da
terra; a força das colinas também *é* dele.
5 O mar *é* dele, e ele o fez; e suas mãos
formaram a *terra* seca.
6 Ó vinde, adoremos e prostremo-nos;
ajoelhemo-nos diante do SENHOR, nosso
Criador.
7 Pois ele *é* o nosso Deus; e nós *somos* o
povo do seu pasto e ovelhas da sua mão.
Hoje, se ouvirdes a sua voz,
8 não endureçais o vosso coração, como
na provocação, *e* como *no* dia da tenta-
ção no deserto,
9 quando vossos pais me tentaram, me
provaram e viram as minhas obras.
10 Por quarenta anos estive aflito com
esta geração, e disse: *É* um povo que erra
em seu coração, e não conhece os meus
caminhos;
11 a quem jurei na minha ira que não
entrariam no meu descanso.

Salmo com aroma de

ADORAÇÃO

O salmo 95 exala o aroma da adoração e do louvor. O salmista convoca todos a virem e adorarem ao

Pois ele é o nosso Deus; e nós somos o povo do seu pasto e ovelhas da sua mão. Hoje, se ouvirdes a sua voz.

Salmos 95:7

Senhor com alegria e cânticos de louvor, reconhecendo sua grandeza como Criador. Ele exorta o povo a não endurecer seus corações, mas a ouvir a voz de Deus. Este aroma de adoração nos convida a louvá-lo e adorá-lo com sinceridade. Ao adorarmos ao Senhor, exalamos devoção e gratidão. Que nossa adoração inspire outros a buscar a sua presença e a adorá-lo em espírito e em verdade.

96 Ó, cantai ao SENHOR um novo
cântico; cantai ao SENHOR, toda
a terra.
2Cantai ao SENHOR, bendizei o seu
nome; mostrai a sua salvação dia a dia.
3Anunciai sua glória entre os pagãos,
suas maravilhas entre todos os povos.
4Pois o SENHOR *é* grande e mui digno
de ser louvado; ele *é* para ser mais temi-
do do que todos os deuses.
5Pois todos os deuses das nações *são*
ídolos, mas o SENHOR fez os céus.
6Honra e majestade *estão* diante dele;
força e beleza *estão* em seu santuário.
7Dai ao SENHOR, ó vós, famílias do
povo, dai ao SENHOR glória e força.
8Dai ao SENHOR a glória *devida ao* seu
nome; trazei oferendas e entrai nos seus
átrios.
9Adorai o SENHOR na beleza da san-
tidade; temei diante dele, toda a terra.
10Dizei entre os pagãos *que* o SENHOR
reina; o mundo também será estabeleci-
do para que não seja abalado, ele julgará
os povos com justiça.
11Alegrem-se os céus, e regozije-se a
terra; brame o mar e a sua plenitude.
12Alegre-se o campo e tudo o que nele
há; então exultarão todas as árvores
do bosque
13perante o SENHOR; porque ele vem,
porque ele vem julgar a terra, ele julga-
rá o mundo com justiça e os povos com
a sua verdade.

Salmo com aroma de

GLÓRIA

O salmo 96 exala o aroma da glória de Deus. O salmista convida todas as nações a cantarem ao Senhor, proclamando sua salvação e declarando sua glória entre os povos. Ele exalta a majestade do Senhor e chama todos a adorá-lo na beleza da sua santidade. Este aroma de glória nos lembra da grandeza e santidade divinas. Ao proclamarmos a glória divina, exalamos louvor e adoração. Que nossa vida reflita a glória de Deus, inspirando outros a reconhecerem e celebrarem a sua majestade.

97 O SENHOR reina; regozije-se a ter-
ra; que a multidão de ilhas se ale-
gre *com isso*.
2Nuvens e trevas *estão* ao seu redor;
a justiça e o juízo *são* a habitação do seu
trono.
3Um fogo vai adiante dele, e queima os
seus inimigos ao redor.
4Seus relâmpagos iluminaram o mun-
do, a terra viu e estremeceu.

5Os montes se derreteram como cera
na presença do SENHOR, na presença do
SENHOR de toda a terra.
6Os céus proclamam a sua justiça, e
todo o povo vê a sua glória.
7Confundidos sejam todos os que ser-
vem imagens esculpidas, que se gabam
de ídolos; adorem-no, todos *os* deuses.
8Sião ouviu e se alegrou; e as filhas de
Judá se regozijaram por causa dos teus
juízos, ó SENHOR.
9Pois tu, SENHOR, *és* exaltado acima de
toda a terra; tu és muito exaltado acima
de todos os deuses.
10Vós, que amais o SENHOR, aborrecei
o mal; ele preserva as almas dos seus
santos, ele os livra das mãos dos ímpios.
11A luz é semeada para os justos, e a
alegria para os retos de coração.
12Alegrai-vos no SENHOR, ó justos; e dai
graças pela lembrança de sua santidade.

Salmo com aroma de

JUSTIÇA

O salmo 97 exala o aroma da justiça e do reinado de Deus. O salmista descreve o Senhor como Rei, exaltando sua justiça e soberania sobre toda a terra. Ele declara que os céus proclamam a sua justiça e que todos os povos veem a sua glória. Este aroma de justiça nos lembra que Ele é justo e fiel em todos os seus caminhos. Ao confiarmos na justiça de Deus, exalamos esperança e fé. Que nossa vida reflita a confiança na justiça divina, inspirando outros a buscar a retidão.

Os céus proclamam a sua justiça, e todo o povo vê a sua glória.

Salmos 97:6

Salmo.

98 Ó, cantai ao SENHOR um cântico
novo; porque ele fez coisas mara-
vilhosas, a sua destra e o seu braço santo
lhe deram a vitória.
2 O SENHOR deu a conhecer a sua sal-
vação; a sua justiça manifestou-se aber-
tamente aos olhos dos gentios.
3 Lembrou-se da sua misericórdia e da
sua verdade para com a casa de Israel;
todos os confins da terra viram a salva-
ção do nosso Deus.
4 Fazei um som de júbilo ao SENHOR,
toda a terra; fazei um grande som, rego-
zijem-se e cantem louvores.
5 Cantai ao SENHOR com a harpa; com
a harpa e a voz de um salmo.
6 Com trombetas e som de corne-
tas, fazei um barulho alegre perante o
SENHOR, o Rei.
7 Ruja o mar e a sua plenitude; o mun-
do, e os que nele habitam.
8 Que os rios batam *suas* palmas; ale-
grem-se juntos os montes
9 perante o SENHOR; porque ele vem jul-
gar a terra, com justiça julgará o mundo
e os povos com equidade.

Salmo com aroma de

VITÓRIA

O salmo 98 exala o aroma da vitória e da salvação divina. O salmista convida todos a cantarem ao Senhor um cântico novo, celebrando suas maravilhas e sua salvação. Ele exalta a fidelidade de Deus em cumprir suas promessas e trazer vitória ao seu povo. Este aroma de vitória nos lembra que Ele é nosso salvador e defensor. Ao celebrarmos as suas vitórias, exalamos gratidão e louvor. Que nossa vida reflita a alegria da vitória de Deus, inspirando outros a confiar no seu poder salvador.

99 O SENHOR reina, trema o povo; ele
está sentado *entre* os querubins;
que a terra seja movida.
2 Grande *é* o SENHOR em Sião; e ele *está*
acima de todo o povo.
3 Louvem todos o teu grande e terrível
nome; *porque* ele *é* santo.
4 A força do rei também ama o juízo;
tu estabeleces a equidade, tu executas
o juízo e a justiça em Jacó.
5 Exaltai ao SENHOR nosso Deus, e pros-
trai-vos ao escabelo de seus pés; *porque*
ele *é* santo.
6 Moisés e Arão entre os seus sacerdo-
tes, e Samuel entre os que invocam o seu
nome; eles invocaram o SENHOR, e ele
lhes respondeu.
7 Na coluna de nuvem lhes falava; eles
guardavam os seus testemunhos e os
preceitos *que* lhes dera.
8 Tu lhes respondeste, ó SENHOR nos-
so Deus; tu foste um Deus que os per-
doou, embora tivesses vingado as suas
invenções.
9 Exaltai ao SENHOR nosso Deus, e ado-
rai no seu santo monte; porque o SENHOR
nosso Deus *é* santo.

Salmo com aroma de

SANTIDADE

O salmo 99 exala o aroma da santidade divina. O salmista proclama que o Senhor é Rei e santo, exaltando sua justiça e retidão. Ele declara que Deus é santo e digno de adoração, convocando todos a exaltarem-no. Este aroma de santidade nos lembra da pureza e perfeição de Deus. Ao reconhecermos a sua santidade, exalamos reverência e adoração. Que nossa vida reflita a santidade do Senhor, inspirando outros a buscar a pureza e a santidade em suas vidas.

Salmo de louvor.

100 FAZEI uma aclamação de júbilo alegre ao SENHOR, vós, todas as terras.
2Servi ao SENHOR com alegria, apresentai-vos diante dele com cânticos.
3Sabei que o SENHOR *é* Deus; *foi* ele *quem* nos criou, e não nós mesmos; *nós somos* o seu povo, e as ovelhas do seu pasto.
4Entrai pelas suas portas com ações de graças, *e* nos seus átrios com louvor; dai-lhe graças *e* bendizei o seu nome.
5Pois o SENHOR *é* bom; sua misericórdia *é* eterna; e a sua verdade *dura* de geração em geração.

Servi ao SENHOR com alegria, apresentai-vos diante dele com cânticos.

Salmos 100:2

Salmo com aroma de

GRATIDÃO

O salmo 100 exala o aroma da gratidão e do louvor. O salmista convida todos a entrarem na presença de Deus com ações de graças e cânticos de louvor, reconhecendo que o Senhor é bom e que sua misericórdia dura para sempre. Ele exalta a fidelidade de Deus e a sua bondade para com o seu povo. Este aroma de gratidão nos lembra de agradecê-lo por suas bênçãos e fidelidade. Ao expressarmos nossa gratidão, exalamos louvor e alegria. Que nossa vida reflita a gratidão a Deus, inspirando outros a louvá-lo com alegria.

Salmo de Davi.

101 EU cantarei a misericórdia e o
juízo; a ti, ó SENHOR, cantarei.
2 Vou me comportar sabiamente de
maneira perfeita. Ó, quando tu virás a
mim? Andarei dentro de minha casa com
um coração perfeito.
3 Não porei coisa maligna diante dos
meus olhos; aborreço a obra dos que se
desviam; *ela* não me contaminará.
4 O coração perverso se apartará de
mim; não conhecerei o *ímpio*.
5 Aquele que calunia secretamente o
seu próximo, eu o exterminarei; aquele
que tem olhar altivo e coração orgulho-
so, eu não suportarei.
6 Os meus olhos *estarão* sobre os fiéis
da terra, para que habitem comigo; o
que anda no caminho perfeito, esse
me servirá.
7 O que pratica o engano não habitará
na minha casa; o que profere mentiras
não permanecerá diante de mim.
8 Cedo destruirei todos os ímpios da
terra; para que sejam exterminados da
cidade do SENHOR todos os malfeitores.

Salmo com aroma de

INTEGRIDADE

O salmo 101 exala o aroma da integridade e da justiça. Davi declara seu compromisso de viver com integridade e de governar com justiça, afastando os ímpios e promovendo a retidão. Ele exalta a importância de viver uma vida de integridade diante de Deus. Este aroma de integridade nos lembra da importância de sermos honestos e justos em todas as nossas ações. Ao buscarmos viver com integridade, exalamos retidão e justiça. Que nossa vida reflita a integridade de Deus, inspirando outros a viverem de acordo com os seus princípios.

Oração do aflito, quando ele está sobrecarregado, e derrama sua queixa perante o SENHOR.

102 OUVE a minha oração, ó
SENHOR, e deixe meu clamor
chegar a ti.
2 Não escondas de mim o teu rosto *no*
dia da minha angústia; inclina para mim

os teus ouvidos; *no* dia em que eu clamar,
responde-me depressa.
3Porque os meus dias se consomem
como a fumaça, e os meus ossos se quei-
mam como um braseiro.
4Meu coração está ferido e seco como a
erva; pelo que até me esqueço de comer
meu pão.
5Por causa da voz do meu gemido meus
ossos se apegaram à minha pele.
6Sou como o pelicano do deserto; sou
como a coruja do deserto.
7Eu observo, e sou como um pardal
sozinho no topo da casa.
8Os meus inimigos me insultam o dia
todo, *e* os que estão furiosos comigo jura-
ram contra mim.
9Porque comi cinza como pão, e mis-
turei a minha bebida com choro,
10por causa da tua indignação e da
tua ira; pois tu me levantaste e me aba-
teste.
11Os meus dias *são* como a sombra que
declina; e estou seco como a erva.
12Mas tu, ó SENHOR, durarás para
sempre; e tua lembrança por todas as
gerações.
13Levantar-te-ás *e* terás misericórdia
de Sião; porque chegou o tempo de favo-
recê-la, sim, o tempo determinado.
14Porque os teus servos se deleitam
com as suas pedras, e se afeiçoam ao
seu pó.
15Assim os gentios temerão o nome do
SENHOR, e todos os reis da terra a tua
glória.
16Quando o SENHOR edificar Sião, ele
haverá de aparecer em sua glória.
17Ele atenderá à oração do desampara-
do, e não desprezará a sua oração.
18Isto será escrito para a geração vin-
doura; e o povo que será criado louvará
ao SENHOR.

Mas tu, ó SENHOR,
durarás para sempre;
e tua lembrança por
todas as gerações.
Salmos 102:12

19 Porque ele olhou do alto do seu san-
tuário; do céu o SENHOR contemplou
a terra;
20 para ouvir o gemido do preso; para
soltar aqueles que são designados para
a morte;
21 para anunciar o nome do SENHOR em
Sião, e o seu louvor em Jerusalém;
22 quando os povos se ajuntarem, e os
reinos, para servirem ao SENHOR.
23 Ele enfraqueceu minhas forças no
caminho; ele encurtou meus dias.
24 Eu disse: Deus meu, não me leves no
meio dos meus dias; os teus anos *são* por
todas as gerações.
25 Desde a antiguidade fundaste a ter-
ra, e os céus *são* obra das tuas mãos.
26 Eles perecerão, mas tu permanece-
rás; sim, todos eles envelhecerão como
um vestido; como uma veste os muda-
rás, e eles serão mudados.
27 Mas tu *és* o mesmo, e os teus anos
não terão fim.
28 Os filhos dos teus servos continua-
rão, e a sua descendência será estabele-
cida diante de ti.

Salmo com aroma de

LAMENTAÇÃO

O salmo 102 exala o aroma da lamentação e do clamor por socorro. O salmista expressa sua aflição e tristeza, clamando a Deus por ajuda e consolo. Ele descreve sua angústia e busca refúgio no Senhor. Este aroma de lamentação nos lembra que podemos levar nossas dores a Ele, confiando em sua compaixão e intervenção. Ao derramarmos nossos corações diante dele, encontramos consolo e esperança. Que nossa confiança no socorro de Deus exale fé e esperança, inspirando outros a buscar o seu consolo em tempos de aflição.

Salmo de Davi.

103 BENDIZE, ó minha alma, ao
SENHOR, e tudo o que há em
mim *bendiga* o seu santo nome.
2 Bendize, ó minha alma, ao SENHOR, e
não te esqueças de nenhum de todos os
seus benefícios;
3 ele é quem perdoa todas as tuas ini-
quidades, aquele que cura todas as tuas
doenças;
4 quem redime a tua vida da destrui-
ção, que te coroa com benignidade e ter-
nas misericórdias;
5 quem farta a tua boca de *coisas* boas,
para *que* tua juventude seja renovada
como a da águia.
6 O SENHOR faz justiça e juízo a todos
os oprimidos.
7 Ele deu a conhecer os seus caminhos a
Moisés, e os seus atos aos filhos de Israel.
8 O SENHOR *é* compassivo e misericor-
dioso, tardio para se irar e grande em
misericórdia.
9 Nem sempre repreenderá, nem con-
servará para sempre a *sua ira*.
10 Não nos tratou segundo os nossos
pecados, nem nos recompensou confor-
me as nossas iniquidades.
11 Porque, quanto o céu se eleva acima
da terra, *assim* é grande a sua misericór-
dia para com os que o temem.

[12]Quanto está longe o oriente do oci-
dente, *assim* afasta de nós as nossas
transgressões.
[13]Como um pai se compadece de *seus*
filhos, *assim* o SENHOR se compadece
daqueles que o temem.
[14]Pois ele conhece a nossa estrutura;
ele se lembra de que *somos* pó.
[15]*Quanto ao* homem, os seus dias *são*
como a erva; como a flor do campo, assim
ele floresce.
[16]Porque, passando o vento por ela,
ela se vai; e o seu lugar não o conhece-
rá mais.
[17]Mas a misericórdia do SENHOR *é* de
eternidade a eternidade sobre os que o
temem, e a sua justiça sobre os filhos
dos filhos;
[18]aos que guardam a sua aliança e aos
que se lembram de seus mandamentos
para cumpri-los.
[19]O SENHOR preparou o seu trono nos
céus, e seu reino domina sobre tudo.
[20]Bendizei ao SENHOR, vós seus anjos,
excelentes em força, que cumpris seus
mandamentos, dando ouvidos à voz de
sua palavra.
[21]Bendizei ao SENHOR, todos *os* seus
exércitos; *vós*, ministros dele, que fazeis
o seu deleite.
[22]Bendizei ao SENHOR todas as suas
obras em todos os lugares do seu domí-
nio; bendize ao SENHOR, ó minha alma.

Salmo com aroma de

MISERICÓRDIA

O salmo 103 exala o aroma da misericórdia e da graça de Deus. O salmista louva ao Senhor por sua bondade e compaixão,

Como um pai *se* compadece de *seus* filho*s*, *assim* o SENHOR *se* compadece daquele*s* que o temem.

Salmos 103:13

reconhecendo suas bênçãos e perdão. Ele exalta a sua misericórdia, que é eterna e abundante. Este aroma de misericórdia nos lembra do amor e da compaixão divinos. Ao louvamos ao Senhor por sua misericórdia, exalamos gratidão e louvor. Que nossa vida reflita a misericórdia de Deus, inspirando outros a experimentar a sua compaixão e graça.

104 BENDIZE ao SENHOR, ó minha
alma. Ó, SENHOR meu Deus, tu
és mui grande; tu estás vestido com hon-
ra e majestade;
2que *te* cobres de luz como *de* um
manto; que estendes os céus como uma
cortina;
3quem põe as vigas das suas câmaras
nas águas; quem faz das nuvens o seu
carro, quem anda sobre as asas do vento;
4quem faz dos seus anjos espíritos,
seus ministros um fogo flamejante;
5*quem* lançou os fundamentos da ter-
ra, para *que* não fosse removida para
sempre.
6Com o abismo a cobriste como *com*
um manto; as águas pararam por cima
dos montes.
7À tua repreensão fugiram, à voz do
teu trovão elas se apressaram.
8Elas sobem pelas montanhas, elas
descem pelos vales até o lugar que lhes
estabeleceste.
9Colocaste um limite para que não
ultrapassem, para que elas não voltem
mais para cobrir a terra.
10Ele envia as fontes para os vales, *que*
correm entre as colinas.
11Dão de beber a todos os animais do
campo, os jumentos monteses matam a
sua sede.
12Junto delas habitarão as aves do céu,
que cantam entre os ramos.
13Ele rega os montes desde as suas
câmaras, a terra farta-se do fruto das
tuas obras.
14Faz crescer a erva para o gado, e
a erva para o serviço do homem, para
que tire da terra o seu alimento;
15e o vinho *que* alegra o coração do
homem, *e* o azeite que faz resplandecer
o *seu* rosto, e o pão *que* fortalece o cora-
ção do homem.
16As árvores do SENHOR estão cheias
de seiva; os cedros do Líbano, que ele
plantou;
17onde os pássaros fazem seus ninhos;
como para a cegonha, os pinheiros *são*
a sua casa.
18Os altos montes *são* um refúgio para
as cabras selvagens; *e* as rochas para os
coelhos.
19Designou a lua para as estações; o
sol conhece o seu ocaso.
20Tu fizeste as trevas, e vem a noite, na
qual vagueiam todos os animais *diante*
da floresta.
21Os leõezinhos rugem atrás da sua
presa, e pedem a Deus o seu alimento.
22Saindo o sol, eles se ajuntam e se dei-
tam nas suas tocas.
23Sai o homem à sua obra e ao seu tra-
balho até à tarde.
24Ó, SENHOR, quão múltiplas são as
tuas obras! Com sabedoria fizeste todas
elas, a terra está cheia de tuas riquezas.
25*Assim é* este grande e vasto mar,
onde *há* inumeráveis criaturas raste-
jantes, tanto animais pequenos como
grandes.
26Ali vão os navios, *lá está* aquele levia-
tã, *que* fizeste para com ele brincar.

27Estes tudo esperam de ti; para que
possas dar-*lhes* a carne a seu tempo.

28O *que* tu lhes dás, eles ajuntam; abres
a tua mão, eles se fartam de bens.

29Escondes o teu rosto, eles ficam per-
turbados; tu lhes tiras a respiração, eles
morrem e voltam ao seu pó.

30Tu enviaste o teu espírito, eles são
criados; e tu renovas a face da terra.

31A glória do SENHOR durará para
sempre; o SENHOR se alegrará em suas
obras.

32Ele olha para a terra, e ela estreme-
ce; ele toca as colinas, e elas fumegam.

33Cantarei ao SENHOR enquanto eu
viver; cantarei louvores ao meu Deus
enquanto existir.

34A minha meditação sobre ele será
doce, eu me alegrarei no SENHOR.

35Que os pecadores sejam eliminados
da terra, e que os ímpios não existam
mais. Bendize ao SENHOR, ó minha alma.
Louvai ao SENHOR.

Salmo com aroma de

CRIAÇÃO

O salmo 104 exala o aroma da criação maravilhosa de Deus. O salmista celebra a grandeza e a sabedoria divinas manifestas na criação, exaltando suas obras poderosas. Ele descreve a beleza e a harmonia do mundo criado por Ele. Este aroma de criação nos lembra da grandeza e sabedoria de Deus. Ao contemplarmos a criação divina, exalamos louvor e admiração. Que nossa vida reflita a maravilha da criação de Deus,

Cantarei ao SENHOR enquanto eu viver; cantarei louvores ao meu Deus enquanto existir.
Salmos 104:33

inspirando outros a reconhecerem a grandeza do Criador.

105 Ó, dai graças ao SENHOR, invocai o seu nome, tornai conhecidas as suas obras entre os povos.
2Cantai-lhe, cantai-lhe salmos; falai de todas as suas maravilhas.
3Gloriai-vos no seu santo nome; regozije-se o coração dos que buscam ao SENHOR.
4Buscai o SENHOR e a sua força; buscai sempre a sua face.
5Lembrai-vos das maravilhas que tem feito; as suas maravilhas e os juízos da sua boca;
6ó vós, descendência de Abraão, seu servo, vós, filhos de Jacó, seus escolhidos.
7Ele *é* o SENHOR nosso Deus; os seus juízos *estão* em toda a terra.
8Ele se lembrou da sua aliança para sempre, a palavra *que* ele ordenou a mil gerações.
9Cuja *aliança* ele fez com Abraão, e seu juramento a Isaque;
10e confirmou a mesma a Jacó por lei, *e* a Israel *por* aliança perpétua;
11dizendo: "A ti darei a terra de Canaã, a porção da tua herança".
12Quando eram *senão* poucos homens em número; sim, bem poucos, e estranhos nela.
13Quando iam de uma nação a outra, de *um* reino a outro povo;
14não permitiu que ninguém lhes fizesse mal; sim, repreendeu reis por causa deles;
15*dizendo*: "Não toqueis nos meus ungidos, e não façais mal aos meus profetas".
16Além disso, ele chamou a fome sobre a terra, ele quebrou todo o sustento do pão.
17Ele enviou um homem adiante deles, *a saber*, José, *que* foi vendido como servo;
18cujos pés eles feriram com grilhões, ele foi colocado em ferros;
19até que o veio o momento da sua palavra, a palavra do SENHOR o provou.
20O rei mandou soltá-lo; *a saber*, o governante dos povos o deixou livre.
21Fê-lo senhor de sua casa, e governante de todos os seus bens;
22para sujeitar seus príncipes ao seu prazer, e ensinar sabedoria a seus senadores.
23Israel também entrou no Egito, e Jacó peregrinou na terra de Cam.
24E ele aumentou muito o seu povo, e os tornou mais fortes do que seus inimigos.
25Ele voltou o coração deles para odiar o seu povo, para lidar sutilmente com os seus servos.
26Enviou Moisés, seu servo; *e* Arão a quem ele havia escolhido.
27Mostraram entre eles os seus sinais e maravilhas na terra de Cam.
28Enviou trevas, e a fez escurecer; e eles não se rebelaram contra a sua palavra.
29Transformou as suas águas em sangue, e matou os seus peixes.
30A sua terra produziu rãs em abundância, nas câmaras dos seus reis.
31Ele falou, e vieram vários tipos de moscas *e* piolhos em todo o seu território.
32Deu-lhes granizo em vez de chuva, *e* fogo abrasador na sua terra.
33Também feriu as suas vinhas e as suas figueiras; e quebrou as árvores de seus litorais.

34Ele falou, e vieram gafanhotos, e
lagartas sem número,
35elas comeram toda a erva da sua
terra, e comeram o fruto da sua terra.
36Feriu também todos os primogênitos
em sua terra, o chefe de toda a sua força.
37Também ele os tirou com prata e
ouro; e não *houve* nenhuma *pessoa* fra-
ca entre as suas tribos.
38O Egito se alegrou quando eles par-
tiram, porque o medo deles caiu sobre
o povo.
39Estendeu uma nuvem como cobertu-
ra; e fogo para iluminar a noite.
40*O povo* pediu, e ele trouxe codorni-
zes, e os satisfez com o pão do céu.
41Abriu a rocha, e dela brotaram
águas; elas correram nos lugares secos
como um rio.
42Pois lembrou-se da sua santa pro-
messa, *e* de Abraão, seu servo.
43E ele trouxe seu povo com alegria, *e*
seus escolhidos com alegria;
44e deu-lhes as terras dos gentios, e
eles herdaram o trabalho dos povos;
45para que observassem os seus esta-
tutos e guardassem as suas leis. Louvai
ao SENHOR.

Salmo com aroma de

FIDELIDADE

O salmo 105 exala o aroma da fidelidade do Senhor às suas promessas. O salmista narra a história da aliança de Deus com seu povo, celebrando suas intervenções poderosas e sua fidelidade. Ele exalta a sua fidelidade em cumprir suas promessas e guiar seu povo. Este aroma de

Ó, dai graças ao SENHOR, invocai o seu nome, tornai conhecidas as suas obras entre os povos.

Salmos 105:1

fidelidade nos lembra que Deus é constante e verdadeiro. Ao reconhecermos a sua fidelidade, exalamos confiança e gratidão. Que nossa vida reflita a confiança na fidelidade de Deus, inspirando outros a confiar nas suas promessas.

106 LOUVAI ao SENHOR. Dai gra-
ças ao SENHOR; porque *ele é*
bom, porque a sua misericórdia *dura*
para sempre.
2Quem poderá expressar os atos pode-
rosos do SENHOR? *Quem* poderá mani-
festar todo o seu louvor?
3Bem-aventurados *são* os que guar-
dam o juízo, *e* aquele que pratica a jus-
tiça em todo o tempo.
4Lembra-te de mim, SENHOR, com
o favor *que tens para com* o teu povo.
Ó, visita-me com a tua salvação;
5para que eu veja o bem dos teus esco-
lhidos, para que eu me regozije com a
alegria da tua nação, para que eu me glo-
rie com a tua herança.
6Pecamos com nossos pais, cometemos
iniquidade, procedemos impiamente.
7Nossos pais não entenderam as tuas
maravilhas no Egito; eles não se lembra-
ram da multidão de tuas misericórdias;
mas *o* provocaram no mar, *a saber*, no
mar Vermelho.
8No entanto, ele os salvou por causa
do seu nome, para que ele pudesse dar
a conhecer o seu grande poder.
9Repreendeu também o mar Vermelho,
e este secou; assim os conduziu pelas
profundezas, como pelo deserto.
10E ele os salvou da mão daqueles
que *os* odiavam, e os resgatou da mão
do inimigo.
11E as águas cobriram os seus inimi-
gos, nenhum deles ficou.
12Então acreditaram em suas pala-
vras, eles cantaram seu louvor.
13Eles logo se esqueceram de suas
obras, eles não esperaram por seu
conselho;
14mas cobiçaram excessivamente no
deserto, e tentaram a Deus no deserto.
15Ele lhes atendeu o pedido, mas
enviou magreza às suas almas.
16Também tiveram inveja de Moisés
no acampamento, *e* de Arão, o santo do
SENHOR.
17A terra se abriu e engoliu Datã, e
cobriu a companhia de Abirão.
18E um fogo foi aceso entre seus segui-
dores, a chama queimou os ímpios.
19Fizeram um bezerro em Horebe e
adoraram a imagem fundida.
20Assim eles trocaram a sua glória pela
semelhança de um boi que come erva.
21Esqueceram-se de Deus, o seu
Salvador, que fizera grandes coisas no
Egito;
22maravilhas na terra de Cam, *e* coisas
terríveis junto ao mar Vermelho.
23Portanto, ele disse que os destrui-
ria, se Moisés, seu escolhido, não tives-
se se colocado diante dele na brecha,
para desviar sua ira, para que não *os*
destruísse.
24Sim, eles desprezaram a terra agra-
dável, eles não acreditaram em sua
palavra;
25mas murmuraram em suas tendas
e não deram ouvidos à voz do SENHOR.
26Portanto, ele levantou sua mão con-
tra eles, para derrubá-los no deserto;

27para destruir também a sua descen-
dência entre as nações, e para os espa-
lhar pelas terras.
28Juntaram-se também a Baal-Peor,
e comeram dos sacrifícios dos mortos.
29Assim *o* provocaram à ira com as
suas invenções; e assim a peste caiu
sobre eles.
30Então se levantou Fineias e execu-
tou o julgamento, e *assim* a praga cessou.
31E isso lhe foi imputado como justi-
ça de geração em geração, para sempre.
32Eles *o* irritaram também nas águas
da contenda, de modo que resultou em
mal para Moisés por causa deles;
33porque provocaram o seu espírito,
de modo que falou precipitadamente
com os seus lábios.
34Eles não destruíram as nações, a
respeito das quais o SENHOR lhes havia
ordenado;
35mas foram se misturando com os
gentios, e aprenderam suas obras.
36E serviram aos seus ídolos, que lhes
foram um laço.
37Sim, eles sacrificaram seus filhos e
suas filhas aos demônios,
38e derramaram sangue inocente, *sim*,
o sangue de seus filhos e de suas filhas,
os quais sacrificaram aos ídolos de
Canaã; e a terra foi poluída com sangue.
39Assim se contaminaram com as suas
próprias obras e se prostituíram com as
suas próprias invenções.
40Portanto a ira do SENHOR se acendeu
contra o seu povo, de modo que ele abo-
minou sua própria herança.
41E ele os entregou nas mãos dos gen-
tios, e os que os odiavam dominaram
sobre eles.
42Seus inimigos também os oprimi-
ram, e eles foram trazidos em sujeição
sob suas mãos.

Louvai ao SENHOR. Dai graças ao SENHOR; porque *ele é* bom, porque a sua misericórdia *dura* para sempre.

Salmos 106:1

[43]Muitas vezes ele os livrou, mas eles *o* provocaram em seus conselhos e foram abatidos por sua iniquidade.
[44]Não obstante, atentou para a aflição deles, quando ouviu o seu clamor;
[45]e lembrou-se de sua aliança com eles e arrependeu-se de acordo com a multidão de suas misericórdias.
[46]Também os fez dignos de misericórdia por todos os que os levaram cativos.
[47]Salva-nos, SENHOR nosso Deus, e recolhe-nos dentre os gentios, para rendermos graças ao teu santo nome *e* triunfarmos no teu louvor.
[48]Bendito *seja* o SENHOR Deus de Israel de eternidade a eternidade; e diga todo o povo: Amém. Louvai ao SENHOR.

Salmo com aroma de

MISERICÓRDIA

O salmo 106 exala o aroma da misericórdia divina em meio à rebeldia de seu povo. O salmista narra a história das transgressões de Israel e a misericórdia constante de Deus, que os resgatou repetidamente. Ele exalta a misericórdia de Deus que nunca falha. Este aroma de misericórdia nos lembra que Deus é compassivo e perdoador. Ao reconhecermos a misericórdia divina, exalamos gratidão e louvor. Que nossa vida reflita a confiança na misericórdia de Deus, inspirando outros a buscar o seu perdão e a sua graça.

QUINTO LIVRO

Salmos 107 a 150

INTRODUÇÃO AOS SALMOS 107–150

O aroma do louvor e da gratidão

OS SALMOS 107 A 150 compõem a quinta e última divisão de Salmos, em que o tema predominante é o louvor e a gratidão. Este bloco exala um aroma de celebração, reconhecimento da fidelidade divina e exaltação ao Senhor por suas obras maravilhosas. Através de cânticos e orações, o povo de Deus expressa uma profunda gratidão e adoração, destacando a majestade e a bondade do Criador.

A partir do salmo 107, há uma clara ênfase na ação de graças por causa das libertações e bênçãos recebidas. Este salmo abre com um chamado para dar graças ao Senhor, reconhecendo suas maravilhas e o resgate das dificuldades. Este aroma de gratidão permeia muitos salmos nesta seção, lembrando-nos de reconhecer e celebrar a bondade de Deus em nossa vida diária.

Nos cânticos de peregrinação, conhecidos como Cânticos dos Degraus (salmos 120–134), o louvor se entrelaça com temas de confiança e súplica. Estes salmos eram tradicionalmente cantados pelos peregrinos a caminho de Jerusalém, destacando a fidelidade de Deus e a alegria de estar em sua presença. O aroma de devoção e gratidão se intensifica à medida que os adoradores se aproximam da cidade santa, refletindo a expectativa e o regozijo de encontrar-se com Deus.

O salmo 119, o mais longo do livro, é um hino extenso dedicado à lei de Deus. Exalando o aroma da meditação e do deleite na Palavra divina, este salmo destaca a importância das Escrituras na vida do crente. A gratidão pela orientação e revelação de Deus é uma fragrância constante, convidando os fiéis a viverem de acordo com seus preceitos.

Os salmos finais (146–150) são verdadeiros cânticos de louvor exuberante. Cada um desses salmos começa e termina com um "Aleluia", exalando um aroma de louvor ininterrupto. Eles convocam toda a criação a louvar ao Senhor, celebrando suas obras poderosas e sua eterna misericórdia. Este ápice de louvor coletivo é um convite a todos os seres a participarem da adoração ao Criador.

Este bloco também não deixa de lado as súplicas e lamentações, como visto no salmo 137, no qual há um lamento pela destruição de Jerusalém e um anseio por justiça. Mesmo nesses momentos de dor, o aroma da esperança e da confiança na restauração de Deus é fragrante, reforçando a certeza de que Ele está no controle.

Em suma, os salmos 107 a 150 oferecem um rico panorama de louvor e gratidão. Esta última divisão do Livro de Salmos convida os leitores a uma adoração sincera, reconhecendo a fidelidade de Deus e exaltando seu nome por suas maravilhas. Cada salmo exala um aroma distinto de celebração, gratidão e reverência, formando um encerramento poderoso e inspirador para a coleção de cânticos e orações do povo de Deus.

QUINTO LIVRO
(Salmos 107 a 150)

107 DAI graças ao SENHOR porque
ele *é* bom, porque a sua benig-
nidade *dura* para sempre.
2Que *assim* o digam os remidos do
SENHOR, a quem ele resgatou da mão
do inimigo;
3e os congregou das terras do oriente
e do ocidente, do norte e do sul.
4Eles vagaram pelo deserto de for-
ma solitária; não acharam cidade para
habitar.
5Famintos e sedentos, a alma desfa-
lecia neles.
6Então clamaram ao SENHOR em
sua angústia, *e* ele os livrou de suas
tribulações.
7E ele os conduziu pelo caminho cer-
to, para que pudessem ir a uma cidade
de habitação.
8Ó, que os *homens* louvem o SENHOR
por sua bondade e *por* suas obras mara-
vilhosas para com os filhos dos homens!
9Pois ele sacia a alma sedenta e enche
de bens a alma faminta.
10Os que estão sentados nas trevas e
na sombra da morte, *sendo* presos em
aflição e ferro;
11porque se rebelaram contra as pala-
vras de Deus e desprezaram o conselho
do Altíssimo;
12por isso lhes abateu o coração com
trabalho; eles caíram, e não *havia* nin-
guém para ajudar.
13Então clamaram ao SENHOR em
sua angústia, *e* ele os livrou de suas
tribulações.
14Ele os tirou das trevas e da sombra
da morte, e quebrou as suas prisões.
15Ó, que os *homens* louvem o SENHOR
por sua bondade e *por* suas obras mara-
vilhosas para com os filhos dos homens!
16Pois quebrou as portas de bronze e
cortou as trancas de ferro.
17Os insensatos por causa da sua
transgressão e por causa das suas ini-
quidades são afligidos.
18A sua alma abomina todo tipo de
comida, e eles se aproximam dos por-
tões da morte.
19Então clamaram ao SENHOR na sua
aflição, *e* ele os livrou das suas angústias.
20Enviou sua palavra, e os curou, e *os*
livrou de suas destruições.
21Ó, que os *homens* louvem o SENHOR
por *sua* bondade e *por* suas obras mara-
vilhosas para com os filhos dos homens!
22E que ofereçam sacrifícios de ação
de graças e anunciem suas obras com
alegria.
23Os que desceram ao mar em navios,
e que negociavam nas grandes águas;
24estes viram as obras do SENHOR e as
suas maravilhas no abismo.
25Porque ele deu ordens e levantou o
vento tempestuoso, que eleva as suas
ondas.
26Elas subiam ao céu, desciam às pro-
fundezas; sua alma se derretia por cau-
sa da angústia.
27Eles andavam de um lado para o
outro, cambaleavam como bêbados e
perdiam o juízo.
28Então clamaram ao SENHOR na sua
aflição, e ele os livrou das suas angústias.
29Ele fez com que a tempestade se
acalmasse, para que suas ondas se
aquietassem.

30Então eles se alegraram porque fica-
ram quietas; assim ele os levou ao refú-
gio desejado.
31Ó, *que* os homens louvem o SENHOR
por sua bondade e *por* suas obras ma-
ravilhosas para com os filhos dos
homens!
32Exaltem-no também na congregação
do povo, e louvem-no na assembleia dos
anciãos.
33Ele converteu os rios em deserto, e
as nascentes em terra seca;
34uma terra frutífera em estéril,
por causa da maldade dos que nela
habitavam.
35Ele converteu o deserto em um lago,
e a terra seca em mananciais.
36E ali fez habitar os famintos, para
que preparassem uma cidade para
habitação;
37e semeassem os campos e plantas-
sem vinhas, que pudessem produzir fru-
tos abundantes.
38Abençoou-os também, de modo que
se multiplicaram grandemente; e não
permitiu que seu gado diminuísse.
39Novamente, eles foram reduzidos
e humilhados pela opressão, aflição e
tristeza.
40Derramou o desprezo sobre os prín-
cipes, e os fez errantes no deserto, *onde*
não *havia* caminho.
41Contudo ele elevou o pobre da afli-
ção, e fez *dele* uma família como um
rebanho.
42Os justos *o* verão e se alegrarão, e
toda a iniquidade lhes fechará a boca.
43Quem *for* sábio e observar estas
coisas, entenderá as benignidades do
SENHOR.

Ó, que os *homens* louvem o SENHOR *por* sua bondade e *por* suas obras maravilhosas para com os filhos dos homens!

Salmos 107:15

Salmo com aroma de

GRATIDÃO

O salmo 107 exala o aroma da gratidão pelas libertações de Deus. Este cântico celebra as maravilhas do Senhor, resgatando os perdidos e trazendo-os de volta à segurança. O aroma de gratidão nos convida a reconhecer as obras poderosas de Deus em nossa vida, louvando-o por seu amor constante e por sua fidelidade. Que nossa vida exale gratidão, reconhecendo e celebrando as bênçãos que recebemos de Deus diariamente.

Cântico ou salmo de Davi.

108 Ó Deus, meu coração está fir-
me; cantarei e louvarei, até
com a minha glória.
2Despertai, saltério e harpa; eu *mesmo*
despertarei cedo.
3Louvar-te-ei, SENHOR, entre os povos,
e cantar-te-ei louvores entre as nações.
4Pois a tua misericórdia *é* grande aci-
ma dos céus, e a tua verdade *chega* até
as nuvens.
5Sê exaltado, ó Deus, acima dos céus,
e a tua glória sobre toda a terra;
6para que o teu amado seja salvo, salva
com a tua destra, e responde-me.
7Deus falou em sua santidade: "Eu me
regozijarei, dividirei Siquém e delimita-
rei o vale de Sucote.
8Gileade *é* meu; Manassés *é* meu;
Efraim também *é* a força da minha cabe-
ça; Judá *é* o meu legislador;
9Moabe *é* o meu lavatório; sobre Edom
lançarei o meu sapato; sobre a Filístia
triunfarei".
10Quem me introduzirá na cidade
forte? Quem me conduzirá a Edom?
11Não *irás tu*, ó Deus, *que* nos rejei-
taste? E não irás tu, ó Deus, sair com
nossos exércitos?
12Dá-nos socorro na angústia, porque
vão *é* o socorro do homem.
13Em Deus faremos proezas, pois *ele*
é aquele que pisará os nossos inimigos.

Salmo com aroma de

CONFIANÇA

O salmo 108 exala o aroma da confiança inabalável em Deus. Este cântico mescla louvor e súplica, demonstrando uma confiança no auxílio divino contra os inimigos. O aroma de confiança nos lembra que, independentemente das circunstâncias, podemos acreditar na proteção e no socorro de Deus. Que nossa fé exale confiança, fortalecendo nossa esperança e segurança no Senhor, que é nosso ajudador fiel.

Ao músico-chefe, salmo de Davi.

109 NÃO retenhas a tua paz, ó Deus
do meu louvor;
2pois a boca do ímpio e a boca do enga-
nador se abriram contra mim; falaram
contra mim com língua mentirosa.
3Eles me cercaram também com pala-
vras de ódio; e lutaram contra mim sem
motivo.

⁴Por causa do meu amor eles são
meus adversários; mas eu *me entrego*
à oração.
⁵E eles me retribuíram com o mal o
bem, e com ódio o meu amor.
⁶Põe sobre ele um ímpio, e fique
Satanás à sua direita.
⁷Quando ele for julgado, seja conde-
nado; e que sua oração se torne pecado.
⁸Sejam poucos os seus dias; *e* que
outro assuma o seu ofício.
⁹Fiquem seus filhos órfãos, e sua espo-
sa, viúva.
¹⁰Que seus filhos andem sempre
errantes e mendiguem; que também
busquem *o seu pão* nos lugares desertos.
¹¹Que o ladrão leve tudo o que ele
tiver; e que os estranhos arruínem o
seu trabalho.
¹²Não haja quem lhe estenda a mise-
ricórdia, nem haja quem favoreça seus
órfãos.
¹³Que sua posteridade seja eliminada;
e na geração seguinte que seu nome seja
apagado.
¹⁴Que a iniquidade de seus pais seja
lembrada pelo SENHOR; e que o pecado
de sua mãe não seja apagado.
¹⁵Estejam eles perante o SENHOR con-
tinuamente, para que ele extirpe da ter-
ra a memória deles.
¹⁶Porque aquele que não se lembra de
usar de misericórdia, mas persegue o
pobre e o necessitado, para que pudes-
se até mesmo matar os quebrantados
de coração.
¹⁷Assim como ele ama a maldição,
que ela venha sobre ele; como ele não
se deleita na bênção, que ela se afas-
te dele.
¹⁸Assim como ele usou a maldi-
ção como a sua vestimenta, assim ela

Ó Deus, meu coração está
firme; cantarei e louvarei,
até com a minha glória.
Salmos 108:1

penetre em suas entranhas como água,
e como azeite em seus ossos.
19Seja para ele como a roupa *que* o
cobre e como o cinto com que estiver
sempre cingido.
20*Que seja* esta a recompensa do
SENHOR para os meus adversários e para
os que falam mal da minha alma.
21Mas faze tu por mim, ó Deus, o
SENHOR, livra-me por amor do teu nome;
porque a tua misericórdia é boa.
22Pois *sou* pobre e necessitado, e meu
coração está ferido dentro de mim.
23Vou embora como a sombra quando
declina; sou agitado para cima e para
baixo como o gafanhoto.
24Meus joelhos estão fracos por cau-
sa do jejum; e a minha carne tem falta
de gordura.
25Tornei-me também um opróbrio para
eles; *quando* olhavam para mim, menea-
vam a cabeça.
26Ajuda-me, SENHOR meu Deus; salva-
-me segundo a tua misericórdia;
27para que saibam que esta é a tua
mão; *que* tu, SENHOR, o fizeste.
28Que eles amaldiçoem, mas tu me
abençoas; quando se levantarem, fiquem
envergonhados; mas que o teu servo
se regozije.
29Vistam-se de vergonha os meus
adversários, e cubram-se com sua pró-
pria confusão, como um manto.
30Louvarei grandemente ao SENHOR
com a minha boca; sim, eu o louvarei
entre a multidão.
31Pois ele estará à direita do pobre,
para salvá-*lo* daqueles que condenam
sua alma.

Salmo com aroma de

JUSTIÇA

O salmo 109 exala o aroma da busca por justiça divina. Davi clama a Deus por vindicação contra seus inimigos, confiando na retidão do Senhor. Este aroma de justiça nos convida a confiar no seu julgamento justo e a buscar sua intervenção em tempos de adversidade. Que nossa vida exale confiança na justiça de Deus, sabendo que Deus vê e agirá com equidade.

Salmo de Davi.

110 O SENHOR disse ao meu Senhor:
"Assenta-te à minha direita, até
que eu ponha os teus inimigos por esca-
belo dos teus pés".
2O SENHOR enviará para fora de Sião
a vara da tua força; domina no meio dos
teus inimigos.
3O teu povo *estará* disposto no dia do
teu poder, nas belezas da santidade des-
de o ventre da manhã; tu tens o orvalho
da tua juventude.
4Jurou o SENHOR e não se arrependerá:
"Tu és sacerdote para sempre, segundo
a ordem de Melquisedeque".
5O SENHOR, à tua direita, ferirá os reis
no dia da sua ira.
6Ele julgará entre os gentios, ele enche-
rá *os lugares* com os cadáveres; ele ferirá
as cabeças de muitos países.
7Beberá do ribeiro no caminho; por
isso levantará a cabeça.

Salmo com aroma de

REALEZA

O salmo 110 exala o aroma da realeza messiânica. Este cântico celebra o reinado eterno de Cristo, destacando sua vitória e poder. O aroma da realeza nos lembra da soberania de Jesus e da segurança que temos sob seu governo. Que nossa adoração exale reverência e reconhecimento da majestade de Cristo, nosso Rei eterno.

111 LOUVAI ao SENHOR. Louvarei ao SENHOR de todo o *meu* coração, na assembleia dos justos e *na* congregação.

2 Grandes *são* as obras do SENHOR, são buscadas por todos os que nelas têm prazer.

3 Sua obra é honorável e gloriosa, e sua justiça *dura* para sempre.

4 Fez memoráveis as suas obras maravilhosas para serem lembradas; o SENHOR é misericordioso e compassivo.

5 Ele deu alimento aos que o temem; ele sempre se lembrará de sua aliança.

6 Ele mostrou a seu povo o poder de suas obras, para que ele possa dar-lhes a herança dos gentios.

7 As obras de suas mãos *são* verdade e juízo; todos os seus mandamentos *são* seguros.

8 Eles permanecem firmes para todo o sempre, *e são* feitos em verdade e retidão.

Grandes são as obras do SENHOR, são buscadas por todos os que nelas têm prazer.

Salmos 111:2

9Enviou a redenção ao seu povo; orde-
nou a sua aliança para sempre; santo e
reverente é o seu nome.
10O temor do SENHOR é o princípio da
sabedoria; bom entendimento têm todos
aqueles que cumprem *os seus mandamen-
tos*; o seu louvor dura para sempre.

Salmo com aroma de

LOUVOR

O salmo 111 exala o aroma do louvor pelas obras maravilhosas de Deus. Este cântico celebra a fidelidade e a justiça do Senhor, convidando todos a louvarem seu nome. O aroma do louvor nos inspira a reconhecer e agradecer as obras poderosas de Deus em nossa vida. Que nossa vida exale louvor, refletindo a glória e a bondade do Senhor em todas as circunstâncias.

112 LOUVAI ao SENHOR. Bem-
aventurado o homem *que* teme
ao SENHOR, *que* tem grande prazer em
seus mandamentos.
2Sua semente será poderosa na terra;
a geração dos retos será abençoada.
3Bens e riquezas *haverá* na sua casa, e
a sua justiça dura para sempre.
4Aos justos nasce luz nas trevas; *ele
é* misericordioso, cheio de compaixão
e justo.
5O homem bom mostra favor e empres-
ta; ele conduzirá seus negócios com
discrição.
6Certamente ele não será abalado
para sempre; o justo ficará em eterna
memória.
7Ele não temerá más notícias; o
seu coração está firme, confiando no
SENHOR.
8O seu coração *está* firme, não temerá,
até que veja *o seu desejo* cumprido sobre
os seus inimigos.
9Ele repartiu, deu aos pobres; a sua
justiça dura para sempre; seu poder será
exaltado com honra.
10O ímpio *o* verá e ficará amargurado;
ele rangerá os dentes e se derreterá; o
desejo dos ímpios perecerá.

Salmo com aroma de

BEM-AVENTURANÇA

O salmo 112 exala o aroma da bem-aventurança dos justos. Este cântico destaca as bênçãos e a prosperidade daqueles que temem ao Senhor e seguem seus mandamentos. O aroma da bem-aventurança nos lembra da alegria e da paz advindas de uma vida de obediência a Deus. Que nossa vida exale bem-aventurança, mostrando a felicidade e a paz que resultam da fidelidade ao Senhor.

113 LOUVAI ao SENHOR. Louvai,
ó servos do SENHOR, louvai o
nome do SENHOR.
2Bendito seja o nome do SENHOR, des-
de agora e para sempre.
3Desde o nascer até o pôr do sol, o
nome do SENHOR é para *ser* louvado.
4O SENHOR é exaltado acima de todas
as nações, *e* a sua glória está acima
dos céus.

[5]Quem *é* semelhante ao SENHOR nosso
Deus, que habita nas alturas,
[6]que humilha *a si mesmo* para con-
templar *as coisas que* estão no céu, e
na terra?
[7]Ele levanta os pobres do pó, *e* do mon-
te de lixo ergue os necessitados;
[8]para que *os* coloque com os príncipes,
a saber, com os príncipes do seu povo.
[9]Ele faz a mulher estéril cuidar da casa
e ser uma alegre mãe de filhos. Louvai
ao SENHOR.

Salmo com aroma de

EXALTAÇÃO

O salmo 113 exala o aroma da exaltação ao Senhor. Este cântico celebra a grandeza de Deus, que se eleva acima de todas as nações e cuida dos humildes. O aroma da exaltação nos convida a reconhecer a soberania e a misericórdia de Deus. Que nossa adoração exale exaltação, louvando-o por sua grandeza e bondade incomparáveis.

114 QUANDO Israel saiu do Egito,
a casa de Jacó deixou um povo
de língua estranha;
[2]Judá se tornou o seu santuário, *e*
Israel o seu domínio.
[3]O mar viu *isso* e fugiu; o Jordão vol-
tou para trás.
[4]Os montes saltaram como carneiros,
e as pequenas colinas como cordeiros.
[5]O que te *afligiu*, ó mar, para que
fugiste? E tu, Jordão, *que* voltaste para
trás;

Desde o nascer até o pôr do sol, o nome do SENHOR é para ser louvado.

Salmos 113:3

⁶e vós, ó montes, *que* saltais como carneiros; *e* vós, pequenas colinas, como cordeiros?
⁷Treme, ó terra, na presença do SENHOR, na presença do Deus de Jacó;
⁸que transformou a rocha *em* água permanente, a pedra em fonte de água.

Salmo com aroma de

MARAVILHAS

O salmo 114 exala o aroma das maravilhas de Deus. Este cântico relembra o êxodo e as grandes obras do Senhor ao libertar Israel do Egito. O aroma das maravilhas nos lembra do seu poder e intervenção em nossa história. Que nossa fé exale reconhecimento das maravilhas divinas, louvando a Deus por suas obras poderosas e libertadoras.

115 NÃO a nós, ó SENHOR, não a nós, mas ao teu nome dá glória, por amor da tua misericórdia *e* da tua verdade.
²Por que deveriam os pagãos dizer: "Onde *está* agora o Deus deles?".
³Mas o nosso Deus *está* nos céus; ele faz tudo o que lhe apraz.
⁴Seus ídolos *são* prata e ouro, obra das mãos de homens.
⁵Têm boca, mas não falam; têm olhos, mas não veem;
⁶têm ouvidos, mas não ouvem; têm nariz, mas não cheiram;
⁷têm mãos, mas não apalpam; pés têm, mas não andam; nem fala alguma sai através da sua garganta.
⁸Aqueles que os fazem são semelhantes a eles; *assim são* todos aqueles que neles confiam.
⁹Confia, ó Israel, no SENHOR; ele é o teu auxílio e o teu escudo.
¹⁰Ó casa de Arão, confia no SENHOR; ele é o teu auxílio e o teu escudo.
¹¹Vós, que temeis ao SENHOR, confiai no SENHOR; ele é o vosso auxílio e o vosso escudo.
¹²O SENHOR se lembrou de nós, e ele *nos* abençoará; ele abençoará a casa de Israel; ele abençoará a casa de Arão.
¹³Abençoará os que temem ao SENHOR, *tanto* os pequenos quanto os grandes.
¹⁴O SENHOR vos aumentará cada vez mais, vós e vossos filhos.
¹⁵Vós *sois* benditos do SENHOR que fez o céu e a terra.
¹⁶Os céus, *a saber*, os céus *são* do SENHOR; mas a terra ele a deu aos filhos dos homens.
¹⁷Os mortos não louvam ao SENHOR, nem os que descem ao silêncio.
¹⁸Mas nós bendiremos ao SENHOR, desde agora e para sempre. Louvai ao SENHOR.

Salmo com aroma de

GLÓRIA

O salmo 115 exala o aroma da glória de Deus. Este cântico contrasta a grandeza do Senhor com a futilidade dos ídolos, exaltando a soberania divina. O aroma da glória nos convida a adorar somente a Deus e a reconhecer sua supremacia. Que nossa vida exale a sua glória, testemunhando sua grandeza e adorando-o em espírito e verdade.

116 AMO o SENHOR, porque ouviu a
minha voz *e* as minhas súplicas.
2 Porque inclinou para mim os seus
ouvidos, eu *o* invocarei enquanto viver.
3 As dores da morte me cercaram, e as
dores do inferno se apoderaram de mim;
encontrei angústia e tristeza.
4 Então invoquei o nome do SENHOR;
ó SENHOR, eu te imploro, livra a minha
alma.
5 Compassivo é o SENHOR, e justo; sim,
nosso Deus é misericordioso.
6 O SENHOR preserva os simples; eu
estava abatido, e ele me ajudou.
7 Volta ao teu descanso, ó minha alma;
pois o SENHOR tem tratado generosa-
mente contigo.
8 Pois livraste a minha alma da morte,
os meus olhos das lágrimas *e* os meus
pés da queda.
9 Andarei na presença do SENHOR na
terra dos viventes.
10 Eu acreditei, por isso falei; estive
grandemente afligido;
11 eu disse na minha pressa que todos
os homens *são* mentirosos.
12 O que darei ao SENHOR *por* todos os
seus benefícios para comigo?
13 Tomarei o cálice da salvação, e invo-
carei o nome do SENHOR.
14 Cumprirei meus votos ao SENHOR
agora na presença de todo o seu povo.
15 Preciosa é aos olhos do SENHOR a
morte dos seus santos.
16 Ó SENHOR, verdadeiramente eu *sou*
teu servo; *sou* teu servo *e* filho da tua
serva; soltaste as minhas ataduras.

Compassivo é o SENHOR, e justo; sim, nosso Deus é misericordioso.

Salmos 116:5

17Eu oferecerei a ti sacrifício de
ação de graças e invocarei o nome do
SENHOR.
18Cumprirei meus votos ao SENHOR
agora na presença de todo o seu povo,
19nos átrios da casa do SENHOR,
no meio de ti, ó Jerusalém. Louvai ao
SENHOR.

Salmo com aroma de

GRATIDÃO

O salmo 116 exala o aroma da gratidão pela libertação pessoal. Este cântico expressa agradecimento pela intervenção divina em momentos de angústia e perigo. O aroma da gratidão nos lembra de reconhecer e louvar a Deus por sua ajuda e misericórdia. Que nossa vida exale gratidão, louvando-o por suas obras maravilhosas e pela salvação que Ele nos concede.

117 LOUVAI ao SENHOR todas as
nações; louvai-o, todos os
povos.
2Porque grande é a sua benignidade
para conosco, e a verdade do SENHOR
dura para sempre. Louvai ao SENHOR.

Salmo com aroma de

LOUVOR

O salmo 117 exala o aroma do louvor universal. Este cântico, o mais curto do livro, convoca todas as nações a louvarem ao Senhor por sua fidelidade e amor. O aroma do louvor nos inspira a unir nossas vozes em adoração a Deus. Que nossa adoração exale louvor, proclamando a sua grandeza e a sua bondade a todas as nações.

118 DAI graças ao SENHOR; porque
ele é bom, porque a sua miseri-
córdia *dura* para sempre.
2Diga agora Israel que a sua misericór-
dia *dura* para sempre.
3Diga agora a casa de Arão que a sua
misericórdia *dura* para sempre.
4Digam agora os que temem ao
SENHOR que a sua misericórdia *dura*
para sempre.
5Na angústia invoquei o SENHOR; o
SENHOR me respondeu, *e me colocou*
num lugar espaçoso.
6O SENHOR *está* do meu lado, não teme-
rei; que me pode fazer o homem?
7O SENHOR toma parte com aqueles
que me ajudam; portanto, verei *meu*
desejo sobre aqueles que me odeiam.
8É melhor confiar no SENHOR do que
confiar no homem.
9É melhor confiar no SENHOR do que
confiar nos príncipes.
10Todas as nações me cercaram, mas
em nome do SENHOR eu as destruirei.
11Elas me cercaram; sim, elas se colo-
caram ao meu redor; mas em nome do
SENHOR as destruirei.
12Cercaram-me como abelhas; são
queimadas como o fogo dos espi-
nhos; porque em nome do SENHOR as
destruirei.

13 Vós me impelistes com força para
que eu caísse; mas o SENHOR me ajudou.
14 O SENHOR é a minha força e o meu
cântico, e se tornou a minha salvação.
15 A voz de alegria e salvação *está* nas
tendas dos justos; a destra do SENHOR
age valentemente.
16 A mão direita do SENHOR se exalta;
a destra do SENHOR faz proezas.
17 Eu não morrerei, mas viverei, e anun-
ciarei as obras do SENHOR.
18 O SENHOR me castigou duramente,
mas não me entregou à morte.
19 Abri-me as portas da justiça, entra-
rei nelas *e* louvarei ao SENHOR;
20 esta é porta do SENHOR, na qual os
justos entrarão.
21 Eu te louvarei, porque me ouviste e
te tornaste a minha salvação.
22 A pedra *que* os edificadores rejeita-
ram tornou-se a *pedra* angular.
23 Isto é obra do SENHOR; é maravilho-
so aos nossos olhos.
24 Este é o dia *que* o SENHOR fez, nós
nos regozijaremos e nos alegraremos
nele.
25 Salva agora, eu te imploro, ó SENHOR;
eu te suplico ó SENHOR, envie agora a
prosperidade.
26 Bendito *seja* aquele que vem em
nome do SENHOR; nós vos abençoamos
na casa do SENHOR.
27 Deus é o SENHOR, que nos deu a luz;
atai o sacrifício com cordas, *a saber*, até
as pontas do altar.
28 Tu és o meu Deus, e eu te louvarei; *tu
és* o meu Deus, eu te exaltarei.
29 Dai graças ao SENHOR; porque *ele
é* bom, porque a sua misericórdia *dura*
para sempre.

Dai graças ao SENHOR;
porque *ele é* bom, porque
a sua misericórdia
dura para sempre.
Salmos 118:1

Salmo com aroma de

VITÓRIA

O salmo 118 exala o aroma da vitória e da salvação. Este cântico celebra a intervenção de Deus em momentos de perigo, destacando sua fidelidade e poder. O aroma da vitória nos lembra que Ele é nosso Ajudador e Salvador. Que nossa fé exale vitória, confiando na sua proteção e no seu socorro em todas as circunstâncias.

Alef

119 BEM-AVENTURADOS *são* os irrepreensíveis no caminho, que andam na lei do SENHOR.

2 Bem-aventurados *são* os que guardam os seus testemunhos *e os que* o buscam de todo o coração.

3 Eles também não cometem iniquidade; e andam nos seus caminhos.

4 Tu *nos* ordenaste a guardar diligentemente os teus preceitos.

5 Quem dera meus caminhos fossem dirigidos para guardar teus estatutos!

6 Então não serei envergonhado, quando observo todos os teus mandamentos.

7 Louvar-te-ei com retidão de coração, quando tiver aprendido os teus justos juízos.

8 Guardarei os teus estatutos; não me desampares totalmente.

Bet

9 Como purificará o jovem o seu caminho? Observando o *mesmo* de acordo com a tua palavra.

10 De todo o coração te busquei; não me deixes desviar dos teus mandamentos.

11 Escondi a tua palavra no meu coração, para que eu não venha a pecar contra ti.

12 Bendito és tu, ó SENHOR; ensina-me os teus estatutos.

13 Com os meus lábios declarei todos os juízos que vêm de ti.

14 Regozijo-me pelo caminho dos teus testemunhos, *tanto quanto* com todas as riquezas.

15 Eu meditarei nos teus preceitos e observarei os teus caminhos.

16 Deleitar-me-ei nos teus estatutos; não me esquecerei da tua palavra.

Gimel

17 Lida generosamente com o teu servo, *para* que viva, e guarde a tua palavra.

18 Desvenda os meus olhos, para que veja as coisas maravilhosas da tua lei.

19 *Sou* peregrino na terra; não escondas de mim os teus mandamentos.

20 Minha alma se quebranta pelo desejo *que ela tem* de teus julgamentos em todos os tempos.

21 Tu repreendeste os orgulhosos *que são* amaldiçoados, que se desviam dos teus mandamentos.

22 Tira de mim o opróbrio e o desprezo; porque tenho guardado os teus testemunhos.

23 Príncipes também se assentaram *e* falaram contra mim; *mas* teu servo meditava em teus estatutos.

24 Os teus testemunhos também *são* o meu deleite *e* os meus conselheiros.

Dalet

25 A minha alma se apega ao pó; vivifica-me segundo a tua palavra.

26Eu declarei os meus caminhos, e tu
me ouviste; ensina-me os teus estatutos.
27Faze-me entender o caminho dos
teus preceitos; assim falarei das tuas
maravilhas.
28A minha alma se derrete pela
opressão; fortalece-me segundo a tua
palavra.
29Desvia de mim o caminho da menti-
ra; e concede-me a tua lei graciosamente.
30Escolhi o caminho da verdade; pus
diante de mim os teus juízos.
31Apeguei-me aos teus testemunhos;
ó SENHOR, não me envergonhes.
32Percorrerei o caminho dos teus
mandamentos, quando alargares o meu
coração.

He

33Ensina-me, SENHOR, o caminho dos
teus estatutos; e eu os guardarei *até* o
fim.
34Dá-me entendimento, e guardarei a
tua lei; sim, eu a observarei de todo o
meu coração.
35Faze-me andar no caminho dos teus
mandamentos; pois neles eu me deleito.
36Inclina o meu coração para os teus
testemunhos e não para a avareza.
37Desvia os meus olhos de contemplar
a vaidade; *e* vivifica-me no teu caminho.
38Confirma a tua palavra ao teu servo,
que é dedicado ao teu temor.
39Desvia o meu opróbrio que temo,
porque os teus juízos *são* bons.
40Eis que tenho desejado os teus pre-
ceitos; vivifica-me na tua justiça.

Vav

41Que as tuas misericórdias venham
também sobre mim, ó SENHOR, *a saber*,
a tua salvação, segundo a tua palavra.

Os teus testemunhos
também são o meu deleite e
os meus conselheiros.
Salmos 119:24

42Assim terei com que responder ao
que me afronta, porque confio na tua
palavra.
43E não retires totalmente da minha
boca a palavra da verdade; pois tenho
esperado em teus juízos.
44Assim guardarei a tua lei continua-
mente para todo o sempre.
45E andarei em liberdade, porque bus-
co os teus preceitos.
46Também falarei dos teus teste-
munhos perante os reis, e não me
envergonharei.
47E me deleitarei nos teus mandamen-
tos, os quais tenho amado.
48Também levantarei as minhas mãos
para os teus mandamentos, que tenho
amado; e meditarei nos teus estatutos.

ZAYIN

49Lembra-te da palavra dada a teu ser-
vo, pela qual me fizeste esperar.
50Esta é a minha consolação na
minha aflição; porque a tua palavra me
vivificou.
51Os soberbos zombaram muito de
mim; *contudo* não me desviei da tua lei.
52Lembrei-me dos teus juízos antigos,
ó SENHOR; e me consolei.
53O horror se apoderou de mim por
causa dos ímpios que abandonam a
tua lei.
54Os teus estatutos têm sido as minhas
canções na casa da minha peregrinação.
55Lembrei-me do teu nome, SENHOR, à
noite, e guardei a tua lei.
56Isto eu tive, porque guardei os teus
preceitos.

HET

57*Tu és* a minha porção, ó SENHOR; eu
disse que guardaria as tuas palavras.
58De todo o *meu* coração supliquei
o teu favor; tem misericórdia de mim
segundo a tua palavra.
59Refleti sobre os meus caminhos, e
voltei os meus pés para os teus teste-
munhos.
60Apressei-me, e não demorei em guar-
dar os teus mandamentos.
61Os bandos de ímpios me roubaram,
mas não me esqueci da tua lei.
62À meia-noite me levantarei para
dar graças a ti por causa de teus justos
julgamentos.
63Companheiro eu *sou* de todos *os* que
te temem e dos que guardam os teus
preceitos.
64A terra, ó SENHOR, está cheia da
tua misericórdia; ensina-me os teus
estatutos.

TET

65Fizeste bem ao teu servo, ó SENHOR,
segundo a tua palavra.
66Ensina-me bom senso e conheci-
mento, porque tenho crido nos teus
mandamentos.
67Antes de ser afligido eu andava sem
rumo; mas agora tenho guardado a tua
palavra.
68Tu és bom, e fazes o bem; ensina-me
os teus estatutos.
69Os soberbos forjam mentiras con-
tra mim; *mas* eu guardarei os teus pre-
ceitos de todo o *meu* coração.
70Seu coração é insensível como a
gordura; *mas* eu tenho prazer na tua
lei.
71Foi bom para mim ter sido afligi-
do; para que eu aprendesse os teus
estatutos.
72A lei da tua boca é melhor para mim
do que milhares em ouro e prata.

Yod

73As tuas mãos me fizeram e me moldaram; dá-me entendimento, para que aprenda os teus mandamentos.
74Os que te temem se alegrarão quando me virem; porque tenho esperado na tua palavra.
75Eu sei, ó Senhor, que teus julgamentos *são* corretos e *que* tu em fidelidade me afligiste.
76Eu oro a ti, para que a tua misericordiosa bondade seja para o meu consolo, de acordo com a tua palavra a teu servo.
77Que venham sobre mim as tuas misericórdias, para que eu viva; porque a tua lei é o meu prazer.
78Sejam envergonhados os soberbos; porque me trataram perversamente sem motivo; *mas* eu meditarei nos teus preceitos.
79Voltem-se para mim os que te temem, e os que conheceram os teus testemunhos.
80Seja o meu coração íntegro nos teus estatutos; para que eu não me envergonhe.

Kaf

81A minha alma desfalece pela tua salvação, *mas* espero na tua palavra.
82Os meus olhos desfalecem pela tua palavra, dizendo: Quando me consolarás?
83Pois me tornei como um odre na fumaça; *contudo* não me esqueço dos teus estatutos.
84Quantos *são* os dias do teu servo? Quando executarás juízo sobre os que me perseguem?
85Os soberbos cavaram covas para mim, as quais não *são* segundo a tua lei.

A terra, ó Senhor, está cheia da tua misericórdia; ensina-me os teus estatutos.
Salmos 119:64

86 Fiéis *são* todos os teus mandamentos; muitos injustamente me perseguem; ajuda-me.

87 Eles quase me consumiram na terra; mas não abandonei os teus preceitos.

88 Vivifica-me segundo a tua benignidade; assim guardarei o testemunho da tua boca.

Lamed

89 Para sempre, ó Senhor, a tua palavra está firmada no céu.

90 A tua fidelidade estende-se de geração em geração; tu estabeleceste a terra, e ela permanece.

91 Eles continuam hoje, de acordo com as tuas ordenanças; porque todos *são* teus servos.

92 A menos que a tua lei não *tivesse sido* o meu deleite, eu teria então perecido em minha aflição.

93 Jamais me esquecerei dos teus preceitos, porque com eles me vivificaste.

94 Eu *sou* teu, salva-me; pois tenho buscado os teus preceitos.

95 Os ímpios me esperam para me destruir; *mas* eu considerarei os teus testemunhos.

96 Tenho visto um fim para toda a perfeição, *mas* o teu mandamento é muitíssimo amplo.

Mem

97 Ó, quanto eu amo a tua lei! Ela é minha meditação o dia todo.

98 Tu, pelos teus mandamentos, me fizeste mais sábio do que os meus inimigos; porque os teus mandamentos *estão* sempre comigo.

99 Tenho mais entendimento do que todos os meus mestres, porque os teus testemunhos *são* a minha meditação.

100 E posso compreender mais do que os anciãos, porque guardo os teus preceitos.

101 Eu tenho desviado os meus pés de todo mau caminho, para que eu possa guardar a tua palavra.

102 Não me afastei dos teus juízos, porque tu me ensinaste.

103 Quão doces são as tuas palavras ao meu paladar! *Sim, mais doces* que o mel para minha boca!

104 Por meio dos teus preceitos adquiro entendimento; por isso aborreço todo caminho de falsidade.

Nun

105 Tua palavra é uma lâmpada para meus pés e uma luz para meu caminho.

106 Jurei, e *o* cumprirei, que guardarei os teus justos juízos.

107 Estou muito aflito; vivifica-me, ó Senhor, segundo a tua palavra.

108 Aceita, eu te suplico, as ofertas voluntárias da minha boca, ó Senhor, e ensina-me os teus juízos.

109 A minha alma *está* continuamente na minha mão; contudo não me esqueço da tua lei.

110 Os ímpios armaram-me laços; contudo não me desviei dos teus preceitos.

111 Os teus testemunhos tenho tomado por herança para sempre, porque eles *são* a alegria do meu coração.

112 Inclinei o meu coração para cumprir os teus estatutos sempre, *a saber, até* o fim.

Samekh

113 Aborreço os pensamentos *vãos*, mas amo a tua lei.

114 Tu és o meu esconderijo e o meu escudo; espero na tua palavra.

115Apartai-vos de mim, malfeitores, porque guardarei os mandamentos do meu Deus.
116Sustenta-me segundo a tua palavra, para que eu viva; e não me deixes sentir vergonha da minha esperança.
117Sustenta-me, e estarei seguro; e observarei continuamente os teus estatutos.
118Pisaste sobre todos os que se desviam dos teus estatutos, porque o engano deles é falsidade.
119Tu eliminaste todos os ímpios da terra *como* escória; por isso amo os teus testemunhos.
120A minha carne treme de medo de ti; e temo os teus julgamentos.

AYIN

121Eu tenho feito juízo e justiça; não me deixes à mercê dos meus opressores.
122Sê fiador do teu servo para o bem; que não me oprimam os soberbos.
123Os meus olhos desfalecem pela tua salvação e pela palavra da tua justiça.
124Trata com o teu servo segundo a tua benignidade, e ensina-me os teus estatutos.
125Eu *sou* teu servo; dá-me entendimento, para que eu conheça os teus testemunhos.
126Já é tempo para que *tu* ajas, SENHOR, *porque* eles têm violado a tua lei.
127Portanto amo os teus mandamentos acima do ouro; sim, acima do ouro fino.
128Portanto, considero corretos todos os *teus* preceitos *sobre* todas as coisas *para estar* certo; *e* eu odeio todo caminho falso.

Tua palavra é uma lâmpada para meus pés e uma luz para meu caminho.
Salmos 119:105

Pe

129 Maravilhosos *são* os teus testemunhos; por isso a minha alma os guarda.

130 A exposição das tuas palavras traz luz; dá entendimento aos simples.

131 Abri a minha boca e suspirei, porque ansiava pelos teus mandamentos.

132 Olha para mim e tem misericórdia de mim, como costumas fazer com aqueles que amam o teu nome.

133 Ordena os meus passos na tua palavra, e que nenhuma iniquidade tenha domínio sobre mim.

134 Livra-me da opressão dos homens; assim guardarei os teus preceitos.

135 Faze resplandecer o teu rosto sobre o teu servo; e ensina-me os teus estatutos.

136 Rios de águas correm dos meus olhos, porque muitos não guardam a tua lei.

Tsadi

137 Justo és tu, ó Senhor, e retos *são* os teus juízos.

138 Teus testemunhos *que* tens ordenado *são* justos e muito fiéis.

139 O meu zelo me consumiu, porque os meus inimigos se esqueceram das tuas palavras.

140 A tua palavra é mui pura; por isso o teu servo a ama.

141 Eu *sou* pequeno e desprezado, *contudo* não me esqueço dos teus preceitos.

142 A tua justiça é uma justiça eterna, e a tua lei é a verdade.

143 A aflição e a angústia se apoderaram de mim; *entretanto*, os teus mandamentos *são* o meu prazer.

144 A justiça dos teus testemunhos é eterna; dá-me entendimento, e viverei.

Qof

145 Eu clamei de todo o *meu* coração; ouve-me, ó Senhor; guardarei os teus estatutos.

146 Clamei a ti; salva-me, e eu guardarei os teus testemunhos.

147 Antecipei o alvorecer da manhã, e clamei; esperei na tua palavra.

148 Os meus olhos antecipam as vigílias da *noite*, para que eu possa meditar na tua palavra.

149 Ouve a minha voz segundo a tua benignidade; ó Senhor, vivifica-me segundo o teu juízo.

150 Aproximam-se os que buscam o mal; eles estão longe da tua lei.

151 Tu *estás* perto, ó Senhor; e todos os teus mandamentos *são* a verdade.

152 Quanto aos teus testemunhos, eu sei desde a antiguidade que tu os estabeleceste para sempre.

Resh

153 Considera a minha aflição, e livra-me, porque não me esqueço da tua lei.

154 Pleiteia a minha causa e livra-me; vivifica-me segundo a tua palavra.

155 A salvação *está* longe dos ímpios, porque não buscam os teus estatutos.

156 Grandes *são* as tuas misericórdias, ó Senhor; vivifica-me segundo os teus juízos.

157 Muitos *são* os meus perseguidores e meus inimigos; *porém* não declino dos teus testemunhos.

158 Observei os transgressores e me entristeci; porque não guardaram a tua palavra.

159 Considera como amo os teus preceitos; vivifica-me, Senhor, segundo a tua benignidade.

160 A tua palavra é verdadeira *desde* o princípio, e cada um dos teus justos juízos *dura* para sempre.

SHIN

161 Príncipes me perseguem sem causa, mas o meu coração tem temor da tua palavra.

162 Regozijo-me com a tua palavra, como quem acha grande despojo.

163 Detesto e abomino a mentira; *mas* eu amo a tua lei.

164 Sete vezes ao dia eu te louvo por causa dos teus justos julgamentos.

165 Muita paz têm os que amam a tua lei; e para eles não há tropeço.

166 SENHOR, tenho esperado na tua salvação e cumprido os teus mandamentos.

167 A minha alma guardou os teus testemunhos; e eu os amo imensamente.

168 Tenho guardado os teus preceitos e os teus testemunhos, porque todos os meus caminhos *estão* diante de ti.

TAV

169 Chegue diante de ti, ó SENHOR, o meu clamor; dá-me entendimento segundo a tua palavra.

170 Chegue à tua presença a minha súplica; livra-me segundo a tua palavra.

171 Os meus lábios proferirão louvores, quando me ensinares os teus estatutos.

172 A minha língua falará da tua palavra, porque todos os teus mandamentos *são* justiça.

173 Que a tua mão me ajude; pois escolhi os teus preceitos.

174 Tenho ansiado pela tua salvação, ó SENHOR; e a tua lei é o meu deleite.

175 Que viva a minha alma, e ela te louvará; e que os teus julgamentos me ajudem.

Chegue diante de ti, ó SENHOR, o meu clamor; dá-me entendimento segundo a tua palavra.

Salmos 119:169

[176]Desgarrei-me como uma ovelha perdida; procura o teu servo; porque não me esqueço dos teus mandamentos.

Salmo com aroma de

PALAVRA

O salmo 119 exala o aroma da devoção à Palavra de Deus. Este extenso cântico celebra a lei do Senhor, destacando a alegria e a sabedoria que ela traz. O aroma da Palavra nos convida a meditar e a viver segundo os preceitos divinos. Que nossa vida exale devoção à Palavra de Deus, encontrando nela orientação e renovação diária.

Cântico de peregrinação.

120 NA minha angústia clamei ao
SENHOR, e ele me ouviu.
[2]Livra a minha alma, ó SENHOR,
dos lábios mentirosos *e* da língua
enganadora.
[3]O que será dado a ti? Ou o que será
feito a ti, ó língua enganadora?
[4]Flechas afiadas do poderoso, com
brasas de zimbro.
[5]Ai de mim, que peregrino em Meseque,
que habito nas tendas de Quedar!
[6]Há muito que a minha alma habita
com aquele que odeia a paz.
[7]Eu *sou pela* paz; mas quando eu falo,
eles *são* pela guerra.

Salmo com aroma de

SÚPLICA

O salmo 120 exala o aroma da súplica por paz e justiça. Este cântico expressa um clamor em meio a um ambiente de hostilidade e mentira. O aroma da súplica nos lembra de levar nossas preocupações e pedidos a Deus, confiando em sua intervenção. Que nossa oração exale confiança, sabendo que Ele ouve e responde nossas súplicas.

Cântico de peregrinação.

121 ELEVO os meus olhos para os
montes, de onde vem o meu
socorro.
[2]O meu socorro *vem* do SENHOR, que
fez o céu e a terra.
[3]Ele não permitirá que os teus pés
vacilem; aquele que te guarda não
dormirá.
[4]Eis que aquele que guarda Israel não
dormirá nem descansará.
[5]O SENHOR é quem te guarda; o SENHOR
é a tua sombra à tua direita.
[6]O sol não te castigará de dia, nem a
lua de noite.
[7]O SENHOR te guardará de todo o mal;
ele guardará a tua alma.
[8]O SENHOR guardará a tua saída e a
tua entrada, desde agora e para sempre.

Salmo com aroma de

PROTEÇÃO

O salmo 121 exala o aroma da proteção divina. Este cântico assegura que Deus guarda e protege seu povo em todas as situações. O aroma da proteção nos lembra que podemos confiar no cuidado divino constante. Que nossa fé exale segurança, por sabermos que Deus é nosso guardião fiel, sempre zeloso conosco.

Cântico de peregrinação de Davi.

122 ALEGREI-ME quando me disseram: "Vamos à casa do SENHOR".
2 Os nossos pés estarão dentro das tuas portas, ó Jerusalém.
3 Jerusalém é construída como uma cidade compacta;
4 para onde sobem as tribos, as tribos do SENHOR, para o testemunho de Israel, para darem graças ao nome do SENHOR.
5 Porque ali estão assentados os tronos de juízo, os tronos da casa de Davi.
6 Rogai pela paz de Jerusalém; prosperarão os que te amam.
7 Que a paz esteja dentro dos teus muros, *e* a prosperidade dentro dos teus palácios.
8 Por amor de meus irmãos e companheiros, direi: Paz *seja* contigo.
9 Por causa da casa do SENHOR, nosso Deus, buscarei o teu bem.

O meu socorro vem do SENHOR, que fez o céu e a terra.
Salmos 121:2

Salmo com aroma de

PAZ

O salmo 122 exala o aroma da paz e da alegria em Jerusalém. Este cântico celebra a cidade santa e apresenta uma oração pela paz dentro de seus muros. O aroma da paz nos convida a buscá-la e a promovê-la em nossa vida e comunidade. Que nossa vida a exale, refletindo o desejo de Deus por harmonia e bem-estar para todos.

Cântico de peregrinação.

123 A ti levanto os meus olhos, ó tu
que habitas nos céus.
2Eis que como os olhos dos servos
atentam para a mão de seus senhores
e como os olhos da donzela para a mão
de sua senhora; assim os nossos olhos
esperam no SENHOR nosso Deus, até que
tenha misericórdia de nós.
3Tem misericórdia de nós, ó SENHOR,
tem misericórdia de nós, porque esta-
mos cheios de desprezo.
4A nossa alma está excessivamente
farta de escárnio dos que estão à von-
tade *e* com o desprezo dos soberbos.

Salmo com aroma de

DEPENDÊNCIA

O salmo 123 exala o aroma da dependência de Deus. Este cântico expressa a confiança e a espera pela misericórdia do Senhor. O aroma da dependência nos lembra da importância de confiar nele e esperar pacientemente por sua ajuda. Que nossa fé exale dependência, reconhecendo que sem Deus nada podemos fazer.

Cântico de peregrinação de Davi.

124 SE o SENHOR *não tivesse estado*
ao nosso lado, que Israel diga
agora;
2se o SENHOR não tivesse estado ao
nosso lado, quando os homens se levan-
taram contra nós;
3então eles nos teriam engolido rapi-
damente, quando sua ira se acendeu con-
tra nós;
4então as águas nos cobririam, o ribei-
ro teria passado sobre a nossa alma;
5então as águas soberbas passariam
sobre a nossa alma.
6Bendito *seja* o SENHOR, que não nos
entregou *por* presa aos seus dentes.
7A nossa alma escapou como um pás-
saro do laço dos passarinheiros; o laço
se rompeu, e nós escapamos.
8O nosso socorro *está* no nome do
SENHOR, que fez o céu e a terra.

Salmo com aroma de

AJUDA

O salmo 124 exala o aroma da ajuda divina. Este cântico reconhece que, sem a intervenção de Deus, o povo teria sido destruído. O aroma da ajuda nos lembra que Ele é nosso socorro bem presente em tempos de necessidade. Que nossa confiança exale gratidão, sabendo que Deus está sempre pronto a nos ajudar.

Cântico de peregrinação.

125 AQUELES que confiam no
SENHOR *serão* como o mon-
te Sião, *que* não pode ser abalado, *mas*
permanece para sempre.
2 *Como* os montes *estão* ao redor de
Jerusalém, assim o SENHOR *está* ao redor
do seu povo desde agora e para sempre.
3 Porque a vara dos ímpios não repou-
sará sobre a sorte dos justos; para que
o justo não estenda as mãos para a
iniquidade.
4 Faze o bem, ó SENHOR, àqueles que
são bons e *aos que são* retos de coração.
5 Quanto aos que se desviam para os
seus caminhos tortuosos, o SENHOR os
conduzirá com os que praticam a iniqui-
dade; *mas* paz *haverá* sobre Israel.

Salmo com aroma de

SEGURANÇA

O salmo 125 exala o aroma da segurança em Deus. Este cântico compara a estabilidade daqueles que confiam no Senhor com os montes que cercam Jerusalém. O aroma da segurança nos lembra que nele estamos firmes e protegidos. Que nossa fé exale confiança, sabendo que Deus é nosso refúgio seguro.

Aqueles que confiam no SENHOR serão como o monte Sião, que não pode ser abalado, mas permanece para sempre.

Salmos 125:1

Cântico de peregrinação.

126 QUANDO o SENHOR trouxe de
volta os cativos a Sião, éramos
como aqueles que sonham.
2Então a nossa boca se encheu de riso,
e a nossa língua de cânticos; então se
dizia entre os gentios: "Grandes coisas
fez o SENHOR por eles".
3O SENHOR fez grandes coisas por nós;
por isso nos alegramos.
4Traze-nos outra vez do nosso cativei-
ro, ó SENHOR, como as correntes do sul.
5Os que semeiam com lágrimas colhe-
rão com alegria.
6Aquele que vai adiante e chorando,
enquanto leva a preciosa semente, sem
dúvida voltará com alegria, trazendo
consigo seus molhos.

Salmo com aroma de

RESTAURAÇÃO

O salmo 126 exala o aroma da restauração e da alegria. Este cântico celebra a libertação de Israel e a restauração da sorte do povo. O aroma da restauração nos convida a confiar na capacidade de Deus de renovar e restaurar nossa vida. Que nossa esperança exale alegria, sabendo que Ele traz restauração e renovação.

Cântico de peregrinação.

De Salomão.

127 A não ser que SENHOR edifique
a casa, em vão trabalham os
que a edificam; se o SENHOR não guardar
a cidade, a sentinela vigia, *mas* em vão.
2É inútil para vós levantar cedo, repou-
sar tarde, comer o pão das dores; *por-
que* assim dá ele aos seus amados o sono.
3Eis que os filhos *são* herança do
SENHOR, *e* o fruto do ventre é o seu
galardão.
4Como *são* as flechas na mão de um
homem poderoso; assim *são* os filhos da
juventude.
5Bem-aventurado é o homem que
enche deles a sua aljava; não serão enver-
gonhados, mas falarão com os inimigos
à porta.

Salmo com aroma de

PROVISÃO

O salmo 127 exala o aroma da provisão de Deus. Este cântico destaca que todo esforço é vão sem a bênção e a provisão divina. O aroma da provisão nos lembra que dependemos do Senhor para todas as coisas. Que nossa vida exale confiança na sua provisão, reconhecendo que Ele é a fonte de todas as bênçãos.

Cântico de peregrinação.

128 BEM-AVENTURADO é todo
aquele que teme ao SENHOR;
que anda em seus caminhos.
2Pois comerás do trabalho das tuas
mãos; feliz *serás*, e tudo *irá* bem contigo.
3A tua mulher *será* como a videira fru-
tífera aos lados da tua casa; os teus filhos
como plantas de oliveira ao redor da tua
mesa.
4Eis que assim será abençoado o
homem que teme ao SENHOR.

5O SENHOR te abençoará desde Sião,
e tu verás o bem de Jerusalém todos os
dias da tua vida.
6Sim, verás os filhos de teus filhos, *e* a
paz sobre Israel.

Salmo com aroma de

BÊNÇÃO

O salmo 128 exala o aroma da bênção sobre a família e o trabalho. Este cântico celebra a prosperidade e a felicidade daqueles que temem ao Senhor. O aroma da bênção nos lembra que Deus abençoa aqueles que o seguem e reverenciam. Que nossa vida exale gratidão, refletindo as bênçãos que recebemos dele.

Cântico de peregrinação.

129 MUITAS vezes eles me afligi-
ram desde a minha juventude,
que Israel agora diga;
2muitas vezes me afligiram desde a
minha mocidade, mas não prevalece-
ram contra mim.
3Os lavradores araram nas minhas
costas, fizeram longos sulcos.
4Justo é o SENHOR; cortou as cordas
dos ímpios.
5Sejam confundidos e tornem atrás
todos os que odeiam a Sião.
6Sejam eles como a erva *sobre* os telha-
dos, que seca antes de crescer;
7com o que o ceifador não enche a mão;
nem o que ata molhos no seu peito.
8Nem os que passam dizem: "A bênção
do SENHOR *seja* sobre vós; nós vos aben-
çoamos em nome do SENHOR".

O SENHOR fez grandes coisas por nós; *por isso* nos alegramos.

Salmos 126:3

Salmo com aroma de

PERSEVERANÇA

O salmo 129 exala o aroma da perseverança diante da adversidade. Este cântico destaca a persistência do povo eleito, apesar da opressão. O aroma da perseverança nos lembra que, em Deus, encontramos força para superar as dificuldades. Que nossa fé exale determinação, sabendo que Ele nos ajuda a perseverar.

Cântico de peregrinação.

130 DAS profundezas clamei a ti,
ó SENHOR.
2SENHOR, ouve a minha voz; estejam os
teus ouvidos atentos à voz das minhas
súplicas.
3Se tu, SENHOR, observares as iniqui-
dades, ó SENHOR, quem subsistirá?
4Mas contigo *está* o perdão, para que
sejas temido.
5Eu espero no SENHOR, a minha
alma espera, e na sua palavra tenho
esperança.
6A minha alma *espera* no SENHOR
mais do que os que vigiam pela manhã;
eu digo, mais do que os que vigiam pela
manhã.
7Espere Israel no SENHOR, porque no
SENHOR *há* misericórdia, e nele *há* abun-
dante redenção.
8E ele redimirá Israel de todas as suas
iniquidades.

Salmo com aroma de

ESPERANÇA

O salmo 130 exala o aroma da esperança no perdão de Deus. Este cântico lança um clamor, das profundezas ao Senhor, confiando na sua misericórdia. O aroma da esperança nos lembra que nele encontramos redenção e perdão. Que nossa oração exale esperança, confiando na bondade e na graça divinas.

Cântico de peregrinação. De Davi.

131 SENHOR, o meu coração não é
altivo, nem os meus olhos alti-
vos; nem me exercito em grandes coi-
sas, nem em coisas elevadas demais
para mim.
2Certamente tenho me comportado e
me aquietado como uma criança desma-
mada de sua mãe; minha alma é como
uma criança desmamada.
3Que Israel espere no SENHOR desde
agora e para sempre.

Salmo com aroma de

HUMILDADE

O salmo 131 exala o aroma da humildade e da confiança em Deus. Este cântico reflete a atitude de um coração tranquilo e confiante nele. O aroma da humildade nos lembra da importância de confiar em Deus com simplicidade. Que nossa vida exale humildade, reconhecendo nossa dependência dele.

Cântico de peregrinação.

132 SENHOR, lembra-te de Davi *e* de
todas as suas aflições;
2 como ele jurou ao SENHOR *e* votou ao
poderoso *Deus* de Jacó;
3 certamente não entrarei no taberná-
culo da minha casa, nem subirei à minha
cama;
4 Não darei sono aos meus olhos, *nem*
minhas pálpebras cochilarão,
5 até que eu encontre um lugar para o
SENHOR, uma habitação para o podero-
so *Deus* de Jacó.
6 Eis que ouvimos falar dele em Efra-
ta; encontramo-lo nos campos da flo-
resta.
7 Entraremos em seus tabernáculos;
adoraremos ao estrado de seus pés.
8 Levanta-te, ó SENHOR, de teu descan-
so; tu e a arca da tua fortaleza.
9 Vistam-se os teus sacerdotes de justi-
ça; e que os teus santos gritem de alegria.
10 Por amor de Davi, teu servo, não
rejeites a face do teu ungido.
11 O SENHOR jurou *com* verdade a Davi;
ele não se desviará dela; do fruto das
tuas entranhas porei sobre o teu trono.
12 Se teus filhos guardarem minha
aliança e meu testemunho que lhes ensi-
narei, seus filhos também se assentarão
em teu trono para sempre.
13 Pois o SENHOR escolheu Sião; ele *a*
desejou para sua habitação.
14 Este é o meu repouso para sempre,
aqui habitarei; pois eu o desejei.
15 Abençoarei abundantemente a sua
provisão, fartarei de pão os seus pobres.

Eu espero no SENHOR,
a minha alma espera,
e na sua palavra
tenho esperança.
Salmos 130:5

16Também vestirei de salvação os seus sacerdotes, e os seus santos exultarão de júbilo.
17Ali farei brotar a força de Davi; eu preparei uma lâmpada para o meu ungido.
18Vestirei de vergonha os seus inimigos, mas sobre ele florescerá a sua coroa.

Salmo com aroma de

ALIANÇA

O salmo 132 exala o aroma da aliança de Deus com Davi. Este cântico celebra a promessa divina de estabelecer a linhagem davídica no trono para sempre. O aroma da aliança nos lembra que Deus é fiel às suas promessas. Que nossa fé exale confiança na fidelidade dele, que cumpre suas alianças.

Cântico de peregrinação. De Davi.

133 EIS quão bom e agradável *é* que os irmãos vivam em união!
2É como o unguento precioso sobre a cabeça, que desce pela barba, *a saber*, a barba de Arão; desce até a orla de suas vestes;
3como o orvalho do Hermom, *e como o orvalho* que desce sobre os montes de Sião; porque ali o SENHOR ordenou a bênção, *a saber*, a vida para sempre.

Salmo com aroma de

UNIDADE

O salmo 133 exala o aroma da unidade entre os irmãos. Este cântico celebra a beleza e a bênção da comunhão fraterna. O aroma da unidade nos lembra da importância de se viver em harmonia com os outros. Que nossa vida exale união, promovendo a paz e a cooperação entre os irmãos.

Cântico de peregrinação.

134 EIS, bendizei ao SENHOR todos *vós*, servos do SENHOR, que à noite estais na casa do SENHOR.
2Levantai as mãos *no* santuário e bendizei ao SENHOR.
3O SENHOR que fez o céu e a terra vos abençoe desde Sião.

Salmo com aroma de

BÊNÇÃO

O salmo 134 exala o aroma da bênção e da adoração noturna. Este cântico convoca os servos do Senhor a louvarem-no durante a noite. O aroma da bênção nos lembra que a adoração a Ele é contínua e constante. Que nossa adoração exale gratidão, reconhecendo as bênçãos de Deus em todos os momentos.

135 LOUVAI ao SENHOR. Louvai o
nome do SENHOR; louvai-*o*, ó
servos do SENHOR.
2 Vós que estais na casa do SENHOR, nos
átrios da casa do nosso Deus,
3 louvai ao SENHOR, porque o SENHOR é
bom; cantai louvores ao seu nome, pois
isso é agradável.
4 Pois o SENHOR escolheu para si a Jacó
e a Israel para seu tesouro peculiar.
5 Porque eu sei que o SENHOR é gran-
de, e *que* o nosso SENHOR *está* acima de
todos os deuses.
6 Tudo o *que* agradou ao SENHOR ele fez,
no céu e na terra, nos mares e em todos
os abismos.
7 Ele faz subir os vapores das extremi-
dades da terra; ele faz relâmpagos para a
chuva; ele tira o vento de seus tesouros.
8 Os quais feriram os primogênitos
do Egito, tanto dos homens quanto dos
animais.
9 *Que* enviou sinais e prodígios no meio
de ti, ó Egito, sobre Faraó e sobre todos
os seus servos.
10 Que feriram grandes nações, e mata-
ram reis poderosos;
11 a Seom, rei dos amorreus, e Ogue,
rei de Basã, e todos os reinos de Canaã;
12 e deram a sua terra *por* herança, uma
herança a Israel, seu povo.
13 O teu nome, ó SENHOR, *subsiste* para
sempre; *e* o teu memorial, ó SENHOR, por
todas as gerações.
14 Porque o SENHOR julgará o seu povo
e se arrependerá a respeito dos seus
servos.
15 Os ídolos dos gentios *são* prata e
ouro, obra das mãos dos homens.
16 Têm boca, mas não falam; olhos têm,
mas não veem;
17 têm ouvidos, mas não ouvem; nem há
nenhuma respiração em sua boca.

O SENHOR que fez o céu
e a terra vos abençoe
desde Sião.

Salmos 134:3

18 Semelhantes a eles são os que os fazem; *assim* é todo aquele que neles confia.

19 Bendizei ao SENHOR, ó casa de Israel; bendizei ao SENHOR, ó casa de Arão.

20 Bendizei ao SENHOR, ó casa de Levi; vós, os que temeis ao SENHOR, bendizei ao SENHOR.

21 Bendito seja o SENHOR desde Sião, aquele que habita em Jerusalém. Louvai ao SENHOR.

Salmo com aroma de

LOUVOR

O salmo 135 exala o aroma do louvor pelas maravilhas de Deus. Este cântico celebra a sua grandeza e as suas poderosas obras. O aroma do louvor nos convida a reconhecer e a celebrar as poderosas ações divinas. Que nossa adoração exale louvor, proclamando a grandeza do Senhor em todas as situações.

136 Ó!, dai graças ao SENHOR; porque ele é bom, porque a sua misericórdia *dura* para sempre.

2 Dai graças ao Deus dos deuses, porque a sua benignidade *dura* para sempre.

3 Dai graças ao SENHOR dos senhores, porque a sua benignidade *dura* para sempre.

4 Àquele que sozinho faz grandes maravilhas, porque a sua misericórdia *dura* para sempre.

5 Àquele que com sabedoria fez os céus, porque a sua misericórdia *dura* para sempre.

6 Àquele que estendeu a terra sobre as águas, porque a sua misericórdia *dura* para sempre.

7 Àquele que fez os grandes luminares, porque a sua benignidade *dura* para sempre;

8 o sol para governar de dia, porque a sua misericórdia *dura* para sempre;

9 a lua e as estrelas para governar a noite, porque a sua benignidade *dura* para sempre.

10 Àquele que feriu o Egito nos seus primogênitos, porque a sua benignidade *dura* para sempre;

11 e tirou Israel do meio deles, porque a sua benignidade *dura* para sempre;

12 com mão forte e com braço estendido, porque a sua benignidade *dura* para sempre.

13 Àquele que dividiu o mar Vermelho em duas partes; porque a sua misericórdia *dura* para sempre;

14 e fez Israel passar pelo meio dele, porque a sua benignidade *dura* para sempre;

15 mas derrubou Faraó e seu exército no mar Vermelho, porque sua misericórdia *dura* para sempre.

16 Àquele que conduziu o seu povo pelo deserto, porque a sua benignidade *dura* para sempre.

17 Àquele que feriu grandes reis, porque a sua benignidade *dura* para sempre;

18 e matou reis famosos, porque a sua misericórdia *dura* para sempre;

19 Seom, rei dos amorreus, porque a sua benignidade *dura* para sempre;

20 e Ogue, o rei de Basã, porque a sua benignidade *dura* para sempre;

21 e deu a sua terra por herança, porque a sua benignidade *dura* para sempre;

22 em herança a Israel, seu servo, porque a sua benignidade *dura* para sempre.

23Que se lembrou de nós na nossa
humilhação, porque a sua misericórdia
dura para sempre;
24e nos resgatou dos nossos inimigos,
porque a sua benignidade *dura* para
sempre.
25Que dá alimento a toda a carne, por-
que a sua benignidade dura para sempre.
26Dai graças ao Deus do céu, porque a
sua benignidade *dura* para sempre.

Salmo com aroma de

GRATIDÃO

O salmo 136 exala o aroma da gratidão pelo amor eterno de Deus. Este cântico repete constantemente a frase "porque o seu amor dura para sempre". O aroma da gratidão nos lembra da constância do amor divino. Que nossa vida exale gratidão, louvando a Deus por seu amor fiel e eterno.

137 JUNTO aos rios da Babilônia, ali
nos sentamos, sim, choramos,
quando nos lembramos de Sião.
2Penduramos nossas harpas nos sal-
gueiros que lá estavam.
3Pois ali aqueles que nos levaram cati-
vos exigiam de nós uma canção; e aque-
les que nos consumiram *exigiam de nós*
alegria, *dizendo*: "Cantai-nos *uma* das
canções de Sião".
4Como cantaremos o cântico do
SENHOR em terra estranha?
5Se eu me esquecer de ti, ó Jerusalém,
que minha mão direita esqueça *sua*
destreza.

Dai graças ao Deus do céu, porque a sua benignidade *dura* para sempre.

Salmos 136:26

[6]Se eu não me lembrar de ti, apegue-
-se a minha língua ao céu da boca; se eu
não preferir Jerusalém acima da minha
principal alegria.
[7]Lembra-te, ó SENHOR, dos filhos de
Edom no dia de Jerusalém; que diziam:
"Arrasai-a, arrasai-*a até* o fundamento
dela".
[8]Ó filha de Babilônia, que está para ser
destruída; *feliz será* aquele que te recom-
pensar como tu nos serviste.
[9]Feliz *será aquele* que pegar e arreben-
tar os teus pequenos contra as pedras.

Salmo com aroma de

LAMENTAÇÃO

O salmo 137 exala o aroma da lamentação e do anseio pela justiça. Este cântico expressa a dor do exílio e o desejo de vingança contra os opressores. O aroma da lamentação nos lembra que podemos expressar nossa dor e buscar a justiça divina. Que nossa oração exale confiança na intervenção de Deus em tempos de angústia.

Salmo de Davi.

138 EU te louvarei de todo o meu
coração; diante dos deuses
cantarei louvores a ti.
[2]No teu santo templo adorarei, e lou-
varei o teu nome pela tua benignidade e
pela tua verdade; porque engrandeceste
a tua palavra acima de todo o teu nome.
[3]No dia em que clamei, tu me respon-
deste *e* me fortaleceste *com* força na
minha alma.
[4]Todos os reis da terra te louvarão, ó
SENHOR, quando ouvirem as palavras da
tua boca.
[5]Sim, cantarão os caminhos do
SENHOR, porque grande é a glória do
SENHOR.
[6]Embora o SENHOR *seja* elevado, ele
respeita os humildes, mas os soberbos
ele os conhece de longe.
[7]Ainda que eu ande no meio da angús-
tia, tu me reanimarás; estenderás a tua
mão contra a ira dos meus inimigos, e a
tua destra me salvará.
[8]O SENHOR aperfeiçoará *o que* me diz
respeito; a tua misericórdia, ó SENHOR,
dura para sempre; não abandones as
obras das tuas próprias mãos.

Salmo com aroma de

GRATIDÃO

O salmo 138 exala o aroma da gratidão pela resposta de Deus. Este cântico celebra as respostas do Senhor às orações e seu amor fiel. O aroma da gratidão nos lembra de reconhecer e agradecer a sua intervenção em nossa vida. Que nossa vida exale gratidão, louvando-o por suas respostas e fidelidade.

Ao músico-chefe. Salmo de Davi.

139 SENHOR, tu me sondas e *me*
conheces.
[2]Tu conheces o meu sentar e o meu
levantar, de longe entendes o meu
pensamento.
[3]Tu circundas o meu caminho e o
meu deitar, e conheces todas as *minhas*
veredas.

4Pois ainda não *há* uma palavra em
minha língua, *mas*, eis, ó SENHOR, tu a
conheces completamente.
5Tu me envolveste por trás e pela fren-
te, e puseste a tua mão sobre mim.
6*Tal* conhecimento é maravilhoso
demais para mim; é muito alto, não pos-
so *alcançá-lo*.
7Para onde eu poderia escapar do teu
espírito? Ou para onde fugirei da tua
presença?
8Se eu subir ao céu, lá *estás*; se fizer
a minha cama na sepultura, eis que lá
estás.
9*Se* eu tomar as asas da alva, *e* habitar
nas extremidades do mar;
10até ali a tua mão me guiará, e a tua
destra me susterá.
11Se eu disser: Certamente as trevas
me cobrirão; até a noite será luz sobre
mim.
12Sim, as trevas não te escondem, mas
a noite brilha como o dia; as trevas e a
luz *são* iguais *para ti*.
13Pois criaste o meu interior, cobriste-
-me no ventre de minha mãe.
14Eu te louvarei, porque de um modo
assombroso *e* maravilhoso fui feito;
maravilhosas *são* as tuas obras, e *isso*
minha alma sabe muito bem.
15Minha matéria não estava escon-
dida de ti, quando fui feito em segredo
e curiosamente trabalhado nas partes
mais baixas da terra.
16Os teus olhos viram a minha matéria,
ainda imperfeita; e no teu livro foram
escritos todos *os meus membros*, *os quais*
continuamente eram formados, quando
ainda não *havia* nenhum deles.
17Quão preciosos também são os teus
pensamentos para mim, ó Deus! Quão
grande é a soma deles!

Quão preciosos também
são os teus pensamentos
para mim, ó Deus!

Salmos 139:17

[18]*Se* eu os contasse, seriam mais numerosos do que a areia; quando acordo, ainda estou contigo.

[19]Certamente matarás o ímpio, ó Deus; portanto afastai-vos de mim, vós homens sanguinários.

[20]Pois falam mal de ti, *e* os teus inimigos tomam *o teu nome* em vão.

[21]Não odeio eu, ó SENHOR, aqueles que te odeiam? *E* não aflijo com aqueles que se levantam contra ti?

[22]Eu os odeio com ódio completo, eu os considero meus inimigos.

[23]Sonda-me, ó Deus, e conhece o meu coração; prova-me, e conhece os meus pensamentos;

[24]Vê se *há* em mim *algum* caminho mau, e guia-me pelo caminho eterno.

Salmo com aroma de

ONISCIÊNCIA

O salmo 139 exala o aroma da onisciência e da presença de Deus. Este cântico celebra o seu conhecimento profundo sobre nossa vida e sua presença constante. O aroma da onisciência nos lembra que Ele conhece todos os aspectos de nossa vida. Que nossa adoração exale reverência, reconhecendo a profundidade do seu conhecimento e da sua presença.

Ao músico-chefe. Salmo de Davi.

140 LIVRA-ME, ó SENHOR, dos homens maus; preserva-me dos homens violentos;

[2]os quais imaginam maldades em *seus* corações; continuamente eles são reunidos *para a* guerra.

[3]Aguçaram a língua como a da serpente, o veneno das víboras *está* sob seus lábios. SELÁ.

[4]Guarda-me, SENHOR, das mãos dos ímpios; preserva-me dos homens violentos, que se propuseram a subverter os meus passos.

[5]Os soberbos armaram-me laços e cordas, estenderam uma rede à beira do caminho; eles prepararam armadilhas para mim. SELÁ.

[6]Eu disse ao SENHOR: Tu és o meu Deus; ouve, SENHOR, a voz das minhas súplicas.

[7]Ó Deus, SENHOR, és a força da minha salvação, tu cobriste a minha cabeça no dia da batalha.

[8]Não concedas, ó SENHOR, os desejos dos ímpios; não promovas seus artifícios perversos, *para* que não se exaltem. SELÁ.

[9]*Quanto* à cabeça dos que me cercam, cubra-os a maldade de seus próprios lábios.

[10]Caiam sobre eles brasas vivas, sejam lançados no fogo; em covas profundas, para que não voltem a subir.

[11]Não se estabeleça na terra aquele que fala mal, o mal caçará o homem violento para derrubá-lo.

[12]Sei que o SENHOR manterá a causa do aflito, *e* o direito do pobre.

[13]Certamente os justos darão graças ao teu nome, os retos habitarão na tua presença.

Salmo com aroma de

JUSTIÇA

O salmo 140 exala o aroma da justiça de Deus contra os malfeitores. Este cântico é um clamor por proteção e justiça contra os inimigos. Este aroma nos lembra que Deus é nosso defensor e justo juiz. Que nossa confiança exale segurança, sabendo que Ele lutará por nós.

Salmo de Davi.

141 SENHOR, eu clamo a ti, apres-
sa-te para mim; dá ouvidos à
minha voz, quando eu clamo a ti.
2 Suba a minha oração diante de ti *como*
incenso; *e* o levantar de minhas mãos
como o sacrifício da tarde.
3 Põe uma guarda, ó SENHOR, diante da
minha boca; guarda a porta dos meus
lábios.
4 Não inclines o meu coração para
nenhum mal, para praticar obras perver-
sas com homens que praticam a iniqui-
dade; e não coma eu das suas iguarias.
5 Que o justo me castigue, *isso será* uma
bondade; e que ele me repreenda; *isso*
será um óleo excelente, *que* não me que-
brará a cabeça; porque também a minha
oração *estará* nas suas calamidades.
6 Quando os seus juízes forem derruba-
dos em lugares pedregosos, eles ouvirão
as minhas palavras; porque são doces.
7 Nossos ossos estão espalhados na
boca da sepultura, como quando alguém
corta e abre *lenha* na terra.
8 Mas os meus olhos *estão* em ti, ó Deus,
o SENHOR, em ti confio; não deixes minha
alma desamparada.

Sonda-me, ó Deus, e conhece o meu coração; prova-me, e conhece os meus pensamentos.

Salmos 139:23

⁹Guarda-me das armadilhas *que* arma-
ram contra mim e dos laços dos que pra-
ticam a iniquidade.
¹⁰Que os ímpios caiam em suas pró-
prias redes, enquanto eu escaparei.

Salmo com aroma de

SÚPLICA

O salmo 141 exala o aroma da súplica por proteção e pureza. Este cântico retrata um clamor a Deus por ajuda contra a tentação e pela preservação da justiça. Tal aroma nos lembra da importância de buscar a ajuda divina para vivermos uma vida pura. Que nossa oração exale dependência, confiando na ajuda e na purificação de Deus.

Masquil de Davi, oração que fez quando ele estava na caverna.

142 EU clamei ao SENHOR com a
minha voz; com minha voz fiz
ao SENHOR a minha súplica.
²Derramei perante ele a minha queixa;
mostrei-lhe a minha tribulação.
³Quando meu espírito estava sobre-
carregado dentro de mim, então tu
conheceste meu caminho. Na vereda
por onde andei armaram secretamente
uma armadilha para mim.
⁴Olhei para a *minha* direita e vi, mas
não *havia* homem que me conhecesse;
refúgio me faltava; nenhum homem se
importava com a minha alma.
⁵Clamei a ti, ó SENHOR, e disse: Tu és
o meu refúgio *e* a minha porção na ter-
ra dos viventes.
⁶Atende ao meu clamor, porque estou
muito abatido; livra-me dos meus per-
seguidores, porque são mais fortes do
que eu.
⁷Tira a minha alma da prisão, para que
louve o teu nome; os justos me cercarão;
pois tu me tratarás generosamente.

Salmo com aroma de

LAMENTAÇÃO

O salmo 142 exala o aroma da lamentação e do clamor por socorro. Este cântico expressa um clamor angustiado a Deus em meio ao desespero. O aroma da lamentação nos lembra que podemos derramar nossos corações diante de Deus em momentos de necessidade. Que nossa oração exale confiança, sabendo que Deus ouve nosso clamor.

Salmo de Davi.

143 OUÇA a minha oração, ó
SENHOR, dê ouvidos às minhas
súplicas; na tua fidelidade *e* na tua jus-
tiça responde-me.
²E não entres em juízo com o teu ser-
vo, porque à tua vista nenhum vivente
será justificado.
³Porque o inimigo perseguiu a minha
alma, ele castigou a minha vida até o
chão; ele me fez habitar nas trevas, como
aqueles que morreram há muito.
⁴Portanto, meu espírito está abatido
dentro de mim; meu coração dentro de
mim está desolado.
⁵Lembro-me dos tempos antigos;
medito em todas as tuas obras; medito
nas obras das tuas mãos.

6Estendo para ti as minhas mãos; a
minha alma *tem sede* de ti, como uma
terra sedenta. SELÁ.
7Ouve-me depressa, ó SENHOR; o meu
espírito desfalece; não escondas de mim
a tua face, para que eu não seja seme-
lhante aos que descem à cova.
8Faze-me ouvir a tua benignidade pela
manhã; porque em ti confio; faze-me
saber o caminho por onde devo andar;
porque a ti elevo a minha alma.
9Livra-me, SENHOR, dos meus inimigos;
eu corro para ti, para me esconderes.
10Ensina-me a fazer a tua vontade, por-
que tu és o meu Deus; o teu espírito é
bom, conduz-me à terra da retidão.
11Vivifica-me, ó SENHOR, por amor do
teu nome; por amor da tua justiça, livra
a minha alma da angústia.
12E por tua misericórdia extermina os
meus inimigos, e destrói todos os que
afligem a minha alma; porque *sou* teu
servo.

Salmo com aroma de

SÚPLICA

O salmo 143 exala o aroma da súplica por livramento e orientação. Este cântico apresenta um clamor a Deus por libertação dos inimigos e por direção em tempos de crise. O aroma da súplica nos lembra que podemos buscar a orientação e a libertação divina em todas as situações. Que nossa oração exale confiança, sabendo que Deus é nosso guia e libertador.

Vivifica-me, ó Senhor, por amor do teu nome...

Salmos 143:11

Salmo de Davi.

144 BENDITO *seja* o SENHOR minha força, que ensina minhas mãos para a guerra *e* meus dedos para a batalha;

2 bondade minha, e fortaleza minha; minha torre alta e meu libertador; meu escudo, e *aquele* em quem eu confio; que sujeita o meu povo a mim.

3 SENHOR, o que é o homem, para que o conheças? *Ou* o filho do homem, para que te interesses por ele?

4 O homem é como a vaidade; os seus dias *são* como a sombra que passa.

5 Inclina os teus céus, SENHOR, e desce; toca nos montes, e eles fumegarão.

6 Lança os relâmpagos e os espalha; lança as tuas flechas e os destrói.

7 Envia a tua mão lá de cima; livra-me, e salva-me das muitas águas, da mão de filhos estranhos;

8 cuja boca fala vaidade, e a sua mão direita é uma destra da falsidade.

9 Cantarei a ti, ó Deus, um novo cântico; com o saltério *e* com o instrumento de dez cordas a ti cantarei louvores.

10 *Ele é* o que dá a salvação aos reis; é ele quem livra Davi, seu servo, da espada maligna.

11 Liberta-me, e livra-me das mãos dos filhos estranhos, cuja boca fala vaidade, e a sua mão direita é a destra da falsidade;

12 que nossos filhos *sejam* como plantas crescidas em sua juventude; *que* nossas filhas *sejam* como pedras angulares, polidas à semelhança de um palácio;

13 *que* nossos celeiros *possam ficar* cheios, fornecendo todo tipo de provisão; *que* nossas ovelhas produzam milhares e dezenas de milhares em nossas ruas;

14 *que* nossos bois sejam fortes para trabalhar; *que* não *haja* invasões, nem saídas; que não *haja* reclamação em nossas ruas.

15 Feliz é aquele povo, que está em tal condição; *sim*, feliz é aquele povo, cujo Deus é o SENHOR.

Salmo com aroma de

LOUVOR

O salmo 144 exala o aroma do louvor pela proteção e bênçãos de Deus. Este cântico celebra a intervenção divina e a prosperidade que Ele concede. O aroma do louvor nos lembra de reconhecer e agradecer a proteção e as bênçãos de Deus. Que nossa adoração exale louvor, proclamando a fidelidade e a bondade do Senhor.

Salmo de louvor de Davi.

145 EU te exaltarei, meu Deus, ó rei; e bendirei o teu nome para todo o sempre.

2 Todos os dias te bendirei; e louvarei o teu nome para todo o sempre.

3 Grande é o SENHOR e mui digno de ser louvado, e sua grandeza é insondável.

4 Uma geração louvará as tuas obras à outra, e anunciará os teus atos poderosos.

5 Falarei da glória cheia de honra da tua majestade e das tuas maravilhosas obras.

6 E os *homens* falarão do poder de teus atos extraordinários; e eu declararei tua grandeza.

⁷Pronunciarão abundantemente a memória da tua grande bondade, e cantarão a tua justiça.

⁸O SENHOR é misericordioso e compassivo; tardio para irar-se e grande em misericórdia.

⁹O SENHOR é bom para todos, e as suas misericórdias *estão* sobre todas as suas obras.

¹⁰Todas as tuas obras te louvarão, ó SENHOR; e os teus santos te abençoarão.

¹¹Falarão da glória do teu reino, e proclamarão o teu poder;

¹²para dar a conhecer aos filhos dos homens os seus feitos poderosos, e a gloriosa majestade do seu reino.

¹³O teu reino é um reino eterno, e o teu domínio *dura* de geração em geração.

¹⁴O SENHOR sustém todos os que caem, e levanta todos *os que* estão abatidos.

¹⁵Os olhos de todos esperam em ti; e tu lhes dás o seu alimento no devido tempo.

¹⁶Abres a tua mão e satisfazes o desejo de todos os viventes.

¹⁷Justo é o SENHOR em todos os seus caminhos, e santo em todas as suas obras.

¹⁸Perto *está* o SENHOR de todos os que o invocam, de todos os que o invocam em verdade.

¹⁹Ele cumprirá o desejo dos que o temem; também ouvirá o seu clamor e os salvará.

²⁰O SENHOR preserva todos os que o amam, mas todos os ímpios ele destruirá.

²¹A minha boca proferirá louvores ao SENHOR; e bendiga toda a carne o seu santo nome para todo o sempre.

Perto *está* o SENHOR de todos os que o invocam, de todos os que o invocam em verdade.

Salmos 145:18

Salmo com aroma de

LOUVOR

O salmo 145 exala o aroma do louvor pela grandeza de Deus. Este cântico celebra a majestade, a bondade e as obras poderosas do Senhor. O aroma do louvor nos convida a proclamar a grandeza e a misericórdia divinas infinitas. Que nossa adoração exale louvor, refletindo a glória e a bondade de Deus.

146 LOUVAI ao SENHOR. Louva ao
SENHOR, ó minha alma.
2Enquanto eu viver louvarei ao
SENHOR; cantarei louvores ao meu Deus
enquanto eu existir.
3Não confieis nos príncipes, *nem*
no filho do homem, em quem não *há*
socorro.
4Sua respiração sai, ele retorna à sua
terra; naquele mesmo dia seus pensa-
mentos perecem.
5Feliz é aquele que *tem* o Deus de Jacó
por sua ajuda, cuja esperança *está* no
SENHOR seu Deus;
6que fez o céu e a terra, o mar e tudo
o que nele *há*; que mantém a verdade
para sempre;
7que faz justiça aos oprimidos, que dá
pão aos famintos. O SENHOR liberta os
prisioneiros;
8o SENHOR abre *os olhos* aos cegos; o
SENHOR levanta os abatidos; o SENHOR
ama os justos;
9o SENHOR preserva os estrangeiros;
ele traz alívio ao órfão e à viúva, mas
transtorna o caminho dos ímpios.
10O SENHOR reinará para sempre, *a*
saber, teu Deus, ó Sião, por todas as gera-
ções. Louvai ao SENHOR.

Salmo com aroma de

LOUVOR

O salmo 146 exala o aroma do louvor pela fidelidade divina. Este cântico celebra a ajuda constante do Senhor e sua justiça para com os oprimidos. O aroma do louvor nos lembra que Deus é digno de toda adoração por sua fidelidade. Que nossa adoração exale louvor, proclamando a constância da sua justiça.

147 LOUVAI ao SENHOR, porque é
bom cantar louvores ao nos-
so Deus; pois é agradável, *e o* louvor é
agradável.
2O SENHOR edifica Jerusalém; ele reú-
ne os desterrados de Israel.
3Ele sara os quebrantados de coração
e trata de suas feridas.
4Ele conta o número das estrelas, ele
chama todos elas por *seus* nomes.
5Grande é o nosso SENHOR, e de gran-
de poder; o seu entendimento é infinito.
6O SENHOR exalta os mansos, e lança
os ímpios no chão.
7Cantem ao SENHOR com ações de gra-
ças, cantai louvores ao nosso Deus ao
som da harpa,
8que cobre o céu de nuvens, que pre-
para a chuva para a terra, que faz cres-
cer a relva sobre os montes.
9Ele dá aos animais o seu alimento, *e*
aos filhotes dos corvos que gritam.

[10]Não se deleita com a força do cavalo, nem tem prazer na agilidade do homem.
[11]O SENHOR se agrada dos que o temem, dos que esperam na sua misericórdia.
[12]Louva ao SENHOR, ó Jerusalém; louva o teu Deus, ó Sião.
[13]Pois ele reforçou as trancas das tuas portas, ele abençoou os teus filhos dentro de ti.
[14]Ele promove a paz *nas* tuas fronteiras, *e* te farta do melhor do trigo.
[15]Ele envia seu mandamento *sobre* a terra; sua palavra corre muito rapidamente.
[16]Ele dá a neve como lã, espalha a geada como cinza.
[17]Ele lança seu gelo como pedaços; quem pode resistir a seu frio?
[18]Envia a sua palavra, e os derrete, faz soprar o seu vento, *e* correm as águas.
[19]Ele revela sua palavra a Jacó, seus estatutos e seus juízos a Israel.
[20]Assim não fez com nenhuma nação; e *quanto aos seus* juízos, elas não os conheceram. Louvai ao SENHOR.

Salmo com aroma de

LOUVOR

O salmo 147 exala o aroma do louvor pelas obras de restauração de Deus. Este cântico celebra a reconstrução de Jerusalém e o cuidado do Senhor por seu povo. O aroma do louvor nos convida a celebrar a restauração e o cuidado divinos. Que nossa adoração exale louvor, reconhecendo as maravilhosas obras divinas em nossa vida.

Feliz é aquele que tem o Deus de Jacó por sua ajuda, cuja esperança está no SENHOR seu Deus.

Salmos 145:5

148 LOUVAI ao SENHOR. Louvai ao
SENHOR desde os céus; louvai-
-o nas alturas.
2 Louvai-o, todos os seus anjos; louvai-
-o, todos os seus exércitos.
3 Louvai-o, sol e lua; louvai-o, todas as
estrelas da luz.
4 Louvai-o, céus dos céus, e águas que
estão acima dos céus.
5 Louvem eles o nome do SENHOR, por-
que ele ordenou, e logo foram criados.
6 Ele também os estabeleceu para todo
o sempre; ele criou um decreto que não
passará.
7 Louvai ao SENHOR da terra, vós, dra-
gões, e todos os abismos;
8 fogo e saraiva, neve e vapor; vento
tempestuoso que cumpre sua palavra;
9 montes e todas as colinas, árvores
frutíferas e todos os cedros;
10 animais selvagens e todo o gado,
seres rastejantes e aves voadoras;
11 reis da terra e todas as pessoas, prín-
cipes e todos os juízes da terra;
12 tanto rapazes quanto moças, velhos
e crianças;
13 louvem eles o nome do SENHOR, por-
que só o seu nome é excelente; sua glória
está acima da terra e do céu.
14 Ele também exalta o poder do seu
povo, o louvor de todos os seus santos; *a
saber*, dos filhos de Israel, um povo pró-
ximo a ele. Louvai ao SENHOR.

O aroma do louvor nos convida a unir nossa voz ao coro universal de adoração. Que nossa adoração exale louvor, proclamando a glória de Deus junto com toda a criação.

149 LOUVAI ao SENHOR. Cantai ao
SENHOR uma nova canção *e* seu
louvor na congregação dos santos.
2 Alegre-se Israel naquele que o fez,
regozijem-se os filhos de Sião no seu Rei.
3 Louvem o seu nome na dança; can-
tem a ele louvores com tamboril e harpa.
4 Pois o SENHOR se agrada do seu
povo, ele embelezará os mansos com a
salvação.
5 Alegrem-se os santos na glória, can-
tem em alta voz nas suas camas.
6 *Que* os altos *louvores* de Deus *estejam*
na sua boca, e espada de dois gumes em
suas mãos;
7 para executar vingança sobre os
pagãos, *e* punições sobre o povo;
8 para prender os seus reis com gri-
lhões, e os seus nobres com cadeias de
ferro;
9 para executar sobre eles o julgamen-
to escrito; esta honra têm todos os seus
santos. Louvai ao SENHOR.

Salmo com aroma de

LOUVOR

O salmo 148 exala o aroma do louvor universal. Este cântico convoca toda a criação a louvar ao Senhor, exaltando sua majestade.

Salmo com aroma de

LOUVOR

O salmo 149 exala o aroma do louvor e da celebração. Este cântico celebra a vitória e a justiça de Deus, convidando seu povo a louvá-lo com dança e cânticos. O aroma do louvor nos lembra da alegria e da celebração que vêm da fidelidade divinas. Que nossa adoração exale louvor, celebrando as vitórias e a justiça do Senhor.

150 LOUVAI ao SENHOR. Louvai a Deus no seu santuário, louvai-
-o no firmamento do seu poder.
2Louvai-o por seus atos poderosos, louvai-o segundo a sua excelente grandeza.
3Louvai-o com o som da trombeta, louvai-o com o saltério e a harpa.
4Louvai-o com o tamboril e dança, louvai-o com instrumentos de cordas e órgãos.
5Louvai-o com címbalos sonoros, louvai-o com címbalos de altissonantes.
6Que tudo o que respira louve ao SENHOR. Louvai ao SENHOR.

Salmo com aroma de

LOUVOR

O salmo 150 exala o aroma do louvor total e absoluto. Este cântico final convoca tudo que tem fôlego a louvar ao Senhor com todos os instrumentos e vozes. O aroma do louvor nos lembra que toda a nossa vida deve ser uma expressão de adoração a Deus. Que nossa adoração exale louvor, enchendo o mundo com a celebração da sua grandeza.

Que tudo o que respira louve ao SENHOR. Louvai ao SENHOR.

Salmos 150:6

Sua opinião é importante para nós.

Por gentileza, envie-nos seus comentários pelo e-mail:

editorial@hagnos.com.br

Visite nosso site:

www.hagnos.com.br